AF305420

HENRY BEYLE-STENDHAL

Portrait de Beyle Jeune. Crayon inédit (Collection Pellat).

Pierre BRUN

HENRY

BEYLE-STENDHAL

GRENOBLE

ALEXANDRE GRATIER & Cie

Éditeurs

1900

Henry BEYLE-STENDHAL

INTRODUCTION

Après des travaux assez nombreux, dont quelques-
uns de grande valeur, je veux donner sur Beyle-Stendhal mon opinion raisonnée et impartiale à la fois, qui
puisse également satisfaire et les stendhaliens intransi-
geants et le public plus prévenu. Car, diversement jugé,

« monstre et dieu, » selon sa propre parole, cet écrivain original a, de par son originalité même, de fermes et chauds amis qui exagèrent peut-être son mérite, et de cruels et acharnés ennemis qui le méconnaissent certainement. Pour moi, sa principale qualité, dont on a essayé de faire un défaut, c'est qu'il fut *un caractère*. En un temps comme le nôtre de monnaies effacées, ce sceptique a trouvé des croyants parce que sa médaille a gardé une vigoureuse empreinte et que beaucoup de ses maximes étaient coulées en bronze. — Ne jamais pardonner un mensonge ; — ne jamais se repentir ; — haïr les sots, — sont choses courageuses et fort dignes d'Alceste ; — repousser les petits moyens ; — fuir les amitiés qui ne sont que des domesticités ; — refuser de faire sa cour aux puissants par crainte de l'esclavage, — sont principes louables ; mais avec eux quelle société est possible ! Car la société préfère de beaucoup les Philinte. Et cette fâcheuse habitude de supputer, chaque fois qu'on voit un de ses contemporains *arriver*, les bassesses, les platitudes, les trahisons qu'il a dû accumuler ! Et cet aphorisme de professer qu'au dessus de cinquante mille francs la vie privée doit cesser d'être murée !

Prenez un homme tel qu'était Stendhal ; voyez-le réduisant les mobiles des actes de son prochain à deux, l'honneur et l'intérêt ; prêchant le plaisir durant la vie, le néant après ; gardant rancune à la Providence, et disant avec un sourire : « Ce qui excuse Dieu, c'est qu'il n'existe pas ; » ayant la haine ancrée des enrichis, des

épiciers, des bons pères de famille et des gardes natio-
naux ; ne ménageant jamais la vanité des autres, tout
en sachant que ce serait un moyen de se faire aimer ;
cachant une sensibilité trop vive sous une ironie que
le vulgaire ne perçoit pas ; — et jetez cet homme dans
les salons de son époque. Ou je me trompe lourde-
ment, ou vous verrez, je le gage, se produire un mouvement de recul, dont il s'est parfois rendu compte.
« On peut, dit-il, se représenter la société perfec-
tionnée du XIXe siècle comme un toit couvert de tuiles
à crochet... Un homme franc est une tuile renversée en
sens contraire ; il nuit à la régularité du toit. » Ajoutez
que Beyle se laissait guider uniquement par la logique,
— la sienne, non celle des autres ; qu'il confondait sans
le vouloir les fâcheux et les méchants ; qu'il ne dai-
gnait pas discuter, et ne consentait point à échanger
ses idées de peur d'y perdre ; que, comme quelques
autres, il avait pour voisins les sots qui lui étaient à
peu près ce que fut à Pascal son précipice, et contre
lesquels il engagea une lutte à outrance, où il devait
fatalement être écrasé par le nombre ; — alors, vous
aurez une idée approximative des haines que suscita
Stendhal.

Il n'est mystère pour personne que la vie ordinaire
est un composé de petits actes accomplis suivant de
petites formules, et de petites ambitions suivies de
petits résultats ; que les esprits bas pataugent joyeuse-
ment au milieu des minuscules incidents quotidiens
dont les autres ont la formidable nausée ; que les

plaintes sur la fatigue de vivre, loin d'indiquer la faiblesse, marquent au contraire un être que le niveau
commun écœure et qui, pareil au héros de Corneille,
désirerait de peu communes fortunes. Mais avec cela
les âmes d'élite sont peu aimables dans le monde qui
n'estime guère cette hautaine misanthropie. Et elles le
lui rendent, l'accusant de couper au ras du moignon
leur aile d'oiseaux de passage, comme dit J. Richepin,
ou bien de les étioler comme la fleur du vase brisé
qu'a chantée Sully-Prudhomme, créatures à la fois
d'élection et de désespérance, rares toujours et telles
qu'était Stendhal, qui eut le fou désir d'acquérir une
grande réputation en la méritant véritablement. Idéal
de sublime orgueilleux.

Challemel-Lacour raconta, paraît-il, un jour à Au-
rélien Scholl qu'un ouvrier était mort pour *la synthèse*
sans savoir ce que c'était. Il se fit tuer sur une barri-
cade à cause de cette synthèse dont on n'avait pu lui
arracher la définition. Et certains ont souri de ce
dévouement à une idée vague, sans se demander si
tous nous n'avions pas notre synthèse. Beyle avait
aussi la sienne. Il voulait, à l'instar d'Hamlet, comprendre plus de choses que sa psychologie ne le lui
permettait et

C'est un malheur d'avoir un esprit trop hâtif.

Sa faculté d'extériorisation était grande, faculté
redoutable que raffina Fromentin, dont Amiel gémit,
que Tolstoï féconda, et qui paraît ridicule au plus

grand nombre. D'ailleurs cette acuité de conscience a ses dangers, en ce qu'elle amène avec elle une faiblesse de la volonté et dirige vers *le tao* du romancier russe. Peut-on penser que Marc-Aurèle ou Epictète aient puisé dans leur lucidité plus ou moins vive d'observation cette énergie que les siècles ont admirée justement dans leur vie et dans leurs œuvres ? A se regarder agir l'homme perd en partie le courage de l'action et se laisse d'autant plus couler vers l'inertie qu'il est devenu plus curieux de lui-même. Stendhal souffrit de ce vice, et il en eut d'autres.

Démocrate dans une société malgré tout démocratique, il eut donné beaucoup pour être un peu vicomte et non point tout uniment *Monsieur Untel* et, afin de masquer sa roture, on le vit officier de cavalerie, marchand de fer, douanier, commis-voyageur, femme et marquise, Lisio, colonel Favier, Birbeck, Strombeck, baron de Botmer, colonel Simonetta, Sir William R.., Théodore Bernard (du Rhône), César-Alexandre Bombet, Lagenevais ; et encore ne sont-ce là que quelques-unes des incarnations et certains des pseudonymes de ce Protée qu'il a voulu être et qui a l'air de nous jouer une pièce, où il tient le rôle du multiforme Sbrigani, et nous, celui de cet ahuri de Monsieur de Pourceaugnac.

Avec cela dilettante, parisien de goûts, nous traitant, nous, infortunés provinciaux, d'animaux, avec le mépris de La Bruyère pour les pauvres serfs de la glèbe ; fuyant la foule à la mode d'Horace ; ne se décidant à se montrer tout entier que dans un salon de huit à dix personnes aimables, où la conversation est gaie, anecdotique, et ne traite aucun sujet avec gravité, car rien ou presque rien n'en vaut la peine ; ne comprenant que la vie de l'âme, impalpable et fluide, qui échappe à la masse, éprise seulement, ainsi que Chrysale le bonhomme, de la vie du corps.

Comme écrivain, aussi difficile à saisir. Ce sont d'arbitraires et forcées classifications qui font étudier en lui le romancier, le biographe, le touriste, l'historien, le critique, l'artiste. Romans, biographies, voyages, histoire, critique d'art, il traite de tout en psychologue affiné et, enfermé, lui aussi, dans la tour d'ivoire célèbre, ne fera pas de disciples et ne relèvera guère que de l'abbé Galiani et de Montesquieu, gens ignorés du public. Quant aux lettrés, n'auront-ils pas, du moins quelques-uns, des scrupules à admirer sans restriction? N'en connaissons-nous pas qui ont pour point de départ la vie morale, ainsi que la science est le point de départ de la *Critique de la Raison pure ;* et leur vraie méthode ne consiste-t-elle pas à dégager de toute expérience le principe de moralité? Ceux donc qui voudront chercher un impératif qui s'impose trouveront un vice à cette méthode psychologique, celui d'être empirique avec des résultats relatifs et contingents. Et ce seront là encore des ennemis de Stendhal.

Sa supériorité réelle, c'est l'idéologie, et c'est une viande creuse pour une majorité qui rejettera le livre où elle n'aura pas trouvé ce qu'elle cherche dans les livres. Beyle sait merveilleusement partir d'une idée, montrer l'épanouissement de tout un groupe naissant de la première, faire découler les pensées les unes des autres et se dénouer après s'être surtout compliquées. Son analyse est scientifique, sa plume ressemble à un scalpel ; il démonte l'âme. Mais ce sont des jeux de mandarin à plusieurs boutons de couleur, et ils passent au-dessus ou à côté des lecteurs ordinaires. Excitateur du cerveau, suggestionneur pour ceux qui pensent ; névrosé odieux pour le parti-pris ou l'inattention.

Par toutes ces raisons, maintenant que le temps a marché, que l'idée libre a fait des efforts et des progrès, Stendhal discuté, ici idolâtré, là méconnu, est plus que jamais des nôtres. Avec lui nous nous sentons sur un terrain où nous pouvons évoluer plus facilement que sur celui des siècles passés. Nous avons le même sang qui bouillonne dans nos veines, les mêmes idées qui fermentent en nos esprits, la même atmosphère sociale. L'air ambiant nous pénètre également et de même gonfle nos poumons. Ce ne sont plus des reconstitutions laborieuses que nous essayons ; c'est la peinture toute simple de nos passions propres que nous tentons. Aux temps anciens l'amour de la recherche érudite nous attache ; au nôtre, le sentiment et la vie. Et voilà pourquoi, plus près de Stendhal et le comprenant davantage, l'ayant aimé, je l'étudie. Je l'étudie, que l'on ne s'y trompe point, en amateur, en dilettante, en impressionniste. Je n'ai aucunement l'intention de renouveler la vision de mes lecteurs; je veux seulement leur faire connaître la mienne. Si des documents inédits se rencontrent sous ma plume, c'est par hasard, ou mieux par une bonne fortune que je tiens à leur faire partager. Mais ce que j'ai voulu avant tout, c'est brièvement apprécier le critique, le touriste, le sociologue et, un peu plus longuement, dire mon goût pour le psychologue fouilleur, le romancier avisé, — ce qui fournit le meilleur et le plus profond dans les œuvres de Beyle-Stendhal.

Entrée de la Maison natale de Stendhal

§ I.

Henry Beyle naquit le 23 janvier 1783, dans la rue des Vieux-Jésuites, actuellement rue Jean-Jacques Rousseau, 12, à Grenoble, et fut baptisé le lendemain. Son père, noble Chérubin-Joseph, chevalier de la Légion d'honneur, adjoint au maire, homme peu

aimable, très fin, « archi-dauphinois, » était avocat au
Parlement de cette ville, et sa mère, Caroline-
Adélaïde-Henriette Gagnon, était la fille de Henry
Gagnon, docteur en médecine très estimé, agrégé au
Collège de Grenoble, que Stendhal a décrit « avec ses
rhumatismes, ses vapeurs, sa perruque ronde à trois
rangs de boucles et son petit chapeau triangulaire
à mettre sous le bras. » Ce vieux brave homme
joua un rôle après la *Journée des Tuiles* et prit
part à la délibération en suite de laquelle la ville
de Grenoble adressa des représentations au roi pour
obtenir de sa justice la conservation des privilèges de
la province.

La mère de Henry mourut en 1790, et son père se
retira dans sa terre de Furonières, près de Claix, où,
pour adoucir ses regrets, il se jeta à biens perdus
dans l'exploitation agricole. Beyle avait alors sept
ans. Il fut confié
à Gagnon, ainsi
que ses deux
sœurs, Pauline et
Zénaïde. Dans la
maison du doc-
teur vivaient « sa
sœur Elisabeth,
grande femme
maigre, avec une

PLACE GRENETTE
Maison du Docteur Gagnon

belle figure italienne, de caractère parfaitement
noble, » qui exaltait en son petit neveu ce qu'il a

appelé plus tard « les sentiments espagnols ; » et
son fils Romain, joli garçon, très gai et très aimable, ornement des *sociétés* de Grenoble, parfaitement nul et vide et qui sombra dans le mariage ;
et sa fille Séraphie, ayant toute l'aigreur d'une dévote
qui n'a pas pu se marier et pour laquelle l'enfant mar-
qua de tous temps la plus cordiale antipathie. « J'ai
eu, dit-il, un lot exécrable de sept à dix-sept ans ; » et
c'est encore à sa tante qu'il pensait plus particulière-
ment quand, après bien des années, il écrivait :
« Nos parents et nos maîtres sont nos ennemis naturels quand nous entrons dans le monde. » Nature
sensitive, déjà blessée par les contraintes de la
famille. D'accord, en effet, avec son beau-frère, vis-à-
vis duquel elle jouait peut-être, en leurs promenades aux Granges, un rôle assez mal défini. Séraphie s'essaya à donner à son neveu une éducation
aristocratique et religieuse, étroite et sevrée de tous
plaisirs. Les seules distractions venaient du bon
grand-père, — ainsi le nomme-t-il souvent, — qui lui
donnait à lire *Don Quichotte*, *le Roland furieux*,
causait avec lui pour lui apprendre la simplicité dans
le langage et dans le style, lui enseignait, au travers
de son jardin, Linnée et Pline, l'initiait aux mathématiques, qui chassent l'hypocrisie et le vague, « ces
deux bêtes d'aversion. » Son seul compagnon du même
âge était ce Colomb avec lequel, fouillant les quelques
livres abandonnés par Romain Gagnon, parti pour
les Échelles, il dévorait en cachette des romans.

dont le plus intéressant, paraît-il, fut *Vie, Faiblesses et Repentir d'une Femme*, et qui, ami de toutes les heures, premier biographe et exécuteur testamentaire de Stendhal, exerça, devenu homme, la charge de directeur des contributions directes à Montbrison.

En mourant, Beyle laissa de nombreux papiers, dont beaucoup d'ailleurs encore inédits. De ces manuscrits dont nous nous sommes très fréquemment servi, nous donnons ce fragment qu'en avait détaché A. de Bougy :

« Nous passions les soirées d'été, de sept heures à neuf heures et demie, sur la terrasse de mon grand-père. Cette terrasse, formée par l'épaisseur d'un mur nommé *sarrazin*, mur qui avait quinze ou dix-huit pieds de largeur, avait une vue magnifique sur la montagne de Sassenage. Là, le soleil se couchait, en hiver, sur le rocher de Voreppe. Mon grand-père fit beaucoup de dépenses pour cette terrasse, qu'il fit garnir des deux côtés de caisses de chataîgnier, dans lesquelles on cultivait un nombre infini de fleurs odorantes. Tout était joli et gracieux sur cette terrasse, théâtre de mes principaux plaisirs pendant dix ans, » (1789-1799).

En 1796, Beyle suivit les cours de l'École Centrale de Grenoble, récemment fondée, où il eut comme répétiteur Gros, qu'il vénéra toujours pour son savoir modeste et la fermeté de ses opinions républicaines, et comme professeurs Dubois-Fontanelle, Gattel et surtout Dupuy de Borde, avec lequel il resta longtemps en relations. Le 19 janvier 1806, le maître consultait encore l'élève en ces termes sur un *Plan d'instruction militaire* : « Je compte tellement sur vous, mon bon et jeune ami, j'ai une telle confiance dans vos déterminations et vos conseils, que j'embrasserai toujours, avec certitude de réussir, le parti que vous me proposerez... Conservez-moi toujours une place dans votre cœur. » En cette période d'études brillantes, où il remporta maint succès, — la Bibliothèque municipale de Grenoble garde le certificat d'un premier prix de mathématiques décerné à Beyle le 29 fructidor an VII, — le jeune homme, plus libre, mena de front, avec les sciences, deux passions d'ailleurs tout à fait cérébrales, mais éperdues, l'une pour Mlle Kably, artiste du théâtre, qui jouait les jeunes premières de drame et chantait dans l'opéra-comique, l'autre pour la sœur d'un de ses amis, Victorine Bigilion.

Au bout de trois ans, il se rendit à Paris, but de ses longs espoirs, afin de se présenter à l'Ecole polytechnique. Il y arriva le 10 novembre 1799, au lendemain du 18 brumaire, et ne put passer l'examen. Il s'éprit de peinture, — ayant déjà obtenu le premier prix de ronde bosse à l'Ecole centrale, — et travailla durant quelques mois dans l'atelier de Regnault. En même temps, fier de sa liberté et cédant toujours à cette tendance vers l'amour cérébral qui a fait écrire sur lui tant de sottises, il fleureta sérieusement avec Constance Pipelet, qui devint par la suite comtesse de Salm-Dyck.

Il convient peut-être ici de tracer, d'après ses contemporains, le portrait physique de Stendhal. Ses compatriotes Colomb et Hector Berlioz l'ont représenté
comme une sorte d'hercule, de taille moyenne, au
ventre rebondi, ayant le col court, les épaules larges,
le front beau, l'œil vif et perçant, la bouche malicieuse, la main très belle, vêtu à la dernière mode,
teignant, dès que cela fut nécessaire, son collier de
barbe brune, et remplaçant par un toupet d'emprunt
ses cheveux disparus. Charles Monselet lui trouve « un

physique de droguiste, » et Henry
Monnier le caricature au muffle de
bull-dog, chauve,
ventru, étriqué dans
un habit carré, et
cachant des jambes
trop grêles dans une
culotte de soie noire. On a quelquefois
reproduit cette image caricaturale. Un
peintre valençais,
Ageron, en a fait
l'exact décalque et M. Paul Guillemin possède un
plat unique, — genre Nevers, — dont il a bien voulu
nous communiquer le cliché. Le dessin de Monnier
a servi aussi à un projet de statue, sur le socle de

laquelle Stendhal est campé dans son attitude grotesque. Le médaillon de David accentue le nez et le menton, affermit la bouche, donne à l'œil de la profondeur. Sainte-Beuve note le nez retroussé et quelque peu à la kalmouck, l'œil assez petit, mais très vif, et la gentillesse du sourire. La plus remarquable reproduction des traits de Beyle est celle que nous éditons pour la première fois, d'après un *crayon* (1), tracé alors qu'il avait environ vingt-cinq ans, et qui nous le montre élégant et tout prêt à jouer le rôle de séducteur qu'on lui a si obligeamment prêté.

Ceux même auxquels il a inspiré, de son aveu, les aversions les plus vives me concèderont que si Stendhal fut vaniteux, — ce dont il sont assurés et ce que je ne crois pas, — il a dû céder au désir de s'idéaliser en quelque manière dans son autobiographie, composée sous le titre de *Vie de Henri Brulard*, et ne point résister à l'envie de mettre en relief la série de ses conquêtes féminines avec une nuance d'exagération satisfaite. C'est un des sentiments les plus naturels aux Français. Or, il note qu'il fut l'ami de dix femmes, et que « la plupart de ces êtres charmants ne l'ont point honoré de leurs bontés ; » et, dans ses *Lettres*, il reconnaît avoir été « plus que l'ami » de trois ou quatre seulement. Si la morale chrétienne trouve que cela est bien excessif, la morale gauloise ne fera

______

(1) Collection Pellat, de Fontaine (Isère).

certes pas de cet amoureux transi un émule du Don
Juan qu'il a étudié, et ce sera encore une légende
perdue. Mais on n'en continuera pas moins à crier au
débauché, et les tantes Séraphie se voileront la face
au seul nom de ce coquin de neveu.

Renonçant bientôt à la peinture, il fut, grâce à la
protection de ses cousins, les Daru, placé dans les
bureaux de Pétiet, alors gouverneur de la Lombar-
die, et partit, grand enfant vite joyeux et désireux de
changement, pour cette ville de Milan qu'il a aimée
par delà la tombe. En route, il ne manqua point de
s'arrêter à Genève et de faire un pèlerinage pieux dans
la rue Chevelu, qui vit naître Jean-Jacques Rousseau.
A Lausanne, il n'oublia pas de se jeter fort sottement
aux genoux de la baronne de Montolieu, qui prit très
mal la plaisanterie ; traversa, en suite de cette équipée,
le mont Saint-Bernard deux jours après Bonaparte ;
assista à Ivrée à une représentation du *Matrimonio
Segreto*, de Cimarosa, qui l'affecta délicieusement,
selon sa parole, et surtout « l'air sublime

La pietade troveremmo
Se il ciel barbaro non é ; »

et arriva enfin à Milan, où il demeura jusqu'au 23 septembre 1800. Il prit, à cette date, du service dans
l'armée active, avec le grade de maréchal des logis au
6ᵉ régiment de dragons. Sous-lieutenant la même
année, à Romanego, entre Brescia et Crémone, aide
de camp du général Michaud qui lui a délivré un certificat des plus élogieux, soldat très brave, duelliste

heureux, il démissionna le 3 juillet 1802, à l'heure de passer lieutenant. Il explique cette démission, inopportune d'apparence, dans une *Lettre* datée de Grenoble en 1804 : « c'est qu'il fallait trop se baisser pour arriver aux premiers postes et que ce n'est que là que les actions sont en vue. » Il rentra en France, séjourna quelque temps à Grenoble, puis résida deux ans à Paris, dans une mansarde, au cinquième étage de la rue d'Angivilliers, dont la vue s'étendait sur la colonnade du Louvre, et songea à devenir homme de lettres.

De cette époque date une comédie qui prit successivement divers titres, et finalement celui de *Le Tellier*. Tentative oubliée et qui méritait de l'être, dans le goût de la littérature du temps. Cette littérature vivait sur les restes de l'abbé Delille ; la tragédie en était à Legouvé et la comédie à Demoustier ; Esmenard tenait état de grand homme ; La Harpe régnait ; Chateaubriand et Mme de Staël trônaient ; et Beyle en était mécontent et horripilé, ainsi que de la moralité, prude hargneuse, et de la rhétorique, puritaine à lunettes, des gens de plume. Toujours peu propre à s'adapter au milieu.

Nous trouvons certaine trace des idées de Stendhal dans cette *Lettre* inédite écrite à sa sœur Pauline, en même temps que nous est révélé déjà un Beyle intime, dont nous aurons à reparler, prenant au sérieux son rôle de frère aîné et point si méchant qu'on l'a voulu dire.

3

Paris, 4 fructidor, 10.

Je te réponds tout de suite, ma bonne pauline, de peur de ne pouvoir le faire de longtems. j'ai sur ma table 10 ou 12 lettres auxquelles il faut que je réponde et qui atendent leur tour depuis 1 mois. prends de l'ordre de bonne heure, je n'en ai que p^r mes études, et j'ai bien souvent occasion de m'en repentir dans mes relations sociales. prends p^r principe de toujours répondre à une lettre dans les 48 heures qui suivent sa réception.

Prends tout de suite un maître d'Italien, quel qu'il soit. en attendant de l'avoir, copie et apprends par cœur les 2 auxiliaires essere et avere, tache de comprendre le beau tableau qui est à la tête de ta gramm. Italienne. Je te conseille de prendre une grande feuille de papier et de le copier. il faudra lire chaque soir avant de te coucher le verbe avere, ensuite le verbe essere. C'est le seul moyen d'apprendre. Je compte la-dessus.

Tu pouvais lire beaucoup mieux que l'homme des champs. C'est un pauvre ouvrage. lis Racine et Corneille, Corneille et Racine, et sans cesse. puisque tu ne sais pas le latin, tu peux lire les Georgiques, de Delille. Ne pouvant pas lire Homere et Virgile, tu peux lire la Henriade. Tu y prendras une très légère idée du genre de ces grands hommes. Lis La Harpe. Son goût n'est pas sur, mais il te donnera les premières notions, et si jamais j'ai le bonheur de pouvoir passer 2 mois à Claix avec toi, loin des ennuieux nous parlerons littérature. Je te dirai ma manière de voir et j'espère que tu sentiras de la même manière. il y a en toi de quoi faire une femme charmante ; mais il faut t'accoutumer à réfléchir. voilà le grand secret.

Pour bien sentir la mesure du vers, il faut en avoir dans l'oreille. Tu me ferais bien plaisir de chercher le 4me acte d'Iphigenie, scene 4me : et d'apprendre la tirade qui commence par ces mots *mon pere* jusqu'à *que je vais te conter*. Je te conseille de les copier et de les lire le soir. Il est très essentiel de bien lire les vers. je voudrais que d'ici au mois de septembre prochain tu susse tout le rôle d'Iphigenie. je t'apprendrais à le déclamer. Tu pourras te borner à lire de Corneille les pièces suivantes, le Cid. les Horaces. Cinna. Rodogune et Polyeucte. prie le grand papa de te prêter le Mishantrope de Molière. Tu pouras lire Radamiste et Zénobie de Crebillon, Merope, Zaire

Portrait de Pauline Beyle

et la mort de Cesar de Voltaire. Si ton gout est juste, tu placeras
Corneille et Racine au premier rang des Tragiques français,
Voltaire et Crébillon au 2ᵐᵉ. Je finis en te recommandant de
lire sans cesse Racine et Corneille. je suis comme l'église, hors
de la point de salut.

C'est avoir profité que de savoir s'y plaire.

H. B.

Ne montre ma lettre à personne (1).

Ajoutons ici, pour en finir avec cet ordre d'idées,
qu'en d'autres épîtres, Beyle recommanda à sa sœur
l'Iphigénie de Racine, *l'Art poétique* de Boileau, *Les
Caractères* de la Bruyère, *les Révolutions romaines*
de Vertot, *l'Histoire romaine* de Rollin, *le Joueur* de
Regnard et les *Mémoires* de Saint-Simon.

Conformément à la promesse que contenait la lettre
précédente, Beyle revint à Grenoble ; mais tôt il y
scandalisa sa famille et ses concitoyens par la liberté
de son langage et son originalité, et repartit en hâte
pour Paris, n'ayant point appris à sa petite sœur l'art
de la déclamation. Il s'y occupa activement, à sa mode,
d'anglais et d'économie politique, alternant l'étude
approfondie de J.-J. Rousseau et de Cabanis avec des
ébauches de Comédies, et s'éprenant d'une actrice,
Mélanie Guilbert, qu'il appelle en son *Journal* Loua-
son, et avec laquelle il vécut dans les meilleurs termes.
En 1805, Mélanie signa un engagement au Grand-
Théâtre de Marseille, où elle débuta le 10 prairial

---

(1) Collection Chaper, d'Eybens (Isère).

an XIII dans le rôle d'Aménaïde. Une lettre de J. Rey
à Beyle sur ce début est tout à fait lyrique. Aussitôt
l'amoureux se découvrit une irrésistible vocation pour
le commerce marseillais. Le voilà donc commis dans
la maison d'épicerie Charles Meunier et Cie, rue du
Vieux-Concert, succursale de la maison Reybaud de
Grenoble.

Dans les liasses si nombreuses et encore si inexplo-
rées que possède la Bibliothèque municipale de Grenoble, on trouve plusieurs *Lettres* adressées par Mélanie à Beyle. Elles sont quelconques, je veux dire
qu'elles ont été écrites avec cette encre vulgaire de la
petite vertu dont usent toutes les reines de théâtre à
l'égard de leurs mourants. En voulez-vous des échan-
tillons ? « Moi, je ne t'aime pas ! Moi, je fais lire tes
lettres à un rival ! Ah ! mon ami, tu sais que mon
cœur est trop plein de toi pour être jamais à un autre.
Mais il a besoin, ce cœur, d'être entièrement rassuré
sur le tien... » — Et encore : « Je ne t'écris qu'un mot,
ma bonne minette ; car je suis dans un jour de mélan-
colie et même plus que cela. Mais je veux pourtant te
dire combien je suis contente de te voir rapproché de
moi, *(de Paris, Beyle était venu à Grenoble)*, et surtout quel plaisir me fait l'espérance de te revoir bientôt... Ah ! mon ami, j'ai bien besoin de te voir ! J'ai
bien besoin que tu m'aimes !... Mes pressentiments me
disent depuis longtemps que je ne serai jamais heu-
reuse, et, si tu ne m'aimes pas bien, ils ne seront que
trop justifiés. » Rien ne manque, ni l'appellation sotte,

ni les exclamations abondantes, ni les pressentiments de théâtre. Et ce qui est typique, c'est que Mélanie, prévoyant et devançant l'alliance franco-russe, se maria, cette année même, avec un boyard, nommé de Barkow, et du même coup tua à jamais la vocation de Stendhal pour les denrées coloniales.

Bien des gens pourtant étaient désireux d'arracher Beyle à ses fredaines. Félix Faure, son ami, et celui de Bigilion, lui écrivait : « Quelle impression ont produite sur toi la nouvelle des étonnants succès de nos armées et la fortune de ton cousin Daru, que voilà conseiller d'État et à la tête de l'administration d'un royaume ?... » essayant de le prendre par son goût de la gloire et de l'aventure. On fit si bien qu'il se décida à avoir recours à Daru, mais en rechignant, en se donnant des prétextes : « Je n'ai quitté Marseille, lui mande-t-il, que sur des lettres terribles de mon grand-père. Le commerce humilie mon père. Il ne fera rien pour un fils qui remue des barriques d'eau-de-vie et tout au monde pour un fils dont il verrait le nom dans les journaux... » Et il finit par accompagner Daru à l'armée où il assista, en amateur, à la bataille d'Iéna. Encore grâce à lui, il fut, la même année (1806), nommé adjoint au commissaire des guerres, et peu après intendant des domaines de l'Empereur à Brunswick. Il se révéla, dans cette nouvelle situation, administrateur à la fois intelligent et honnête, — je disais bien que Stendhal était un être d'exception, — et, à partir de 1807, suivit la Grande Armée. Peu aimé de ses camarades, ainsi qu'il le note en son *Journal,* parce qu'ils lui trouvaient « un coin de bouche ironique, » — il est évident qu'il n'avait rien des allures d'un riz-pain-sel. — il se conduisit admirablement en Allemagne, s'occupant sans cesse de littérature, et s'abonnant, dans un intervalle de sa carrière de héros, à la partie *seulement littéraire* de la Bibliothèque britannique ; reçut, le 15 février 1810. la nouvelle qu'il était nommé, en récompense de ses réels services. auditeur de première classe, et obtint, le 3 août, la charge d'inspecteur des bâtiments de la Couronne. Il sollicita un congé d'un an qu'il alla passer à Milan. revint à l'armée, fit la campagne de Russie, toujours rasé de frais, vêtu avec la plus parfaite correction. ému de rien, notant ses impressions sur un *Molière,* et arrachant à Moscou en flammes un tome dépareillé de Voltaire, pris sur l'ennemi.

Cette année 1812 se signale encore par deux lettres inédites adressées à sa sœur, toutes deux datées d'Allemagne, et qui marquent son désir de l'action, l'ardeur de son esprit, son ennui des petites villes. sa recherche de l'anonymat et du pseudonyme, sa tendre affection pour cette sœur avant tous préférée, ses cordiales relations avec son beau-frère, sa tendresse pour son grand-père Gagnon.

Sagan. 15 juin 1812.

Je règne, ma chère Pauline, mais comme tous les Rois, je baille un peu. écris-moi et presse la B. J'espère être tiré de mon trou, vers le 26 juillet. écris comme à l'ordinaire. Mille choses à Périer. Ne fais-tu pas de voyage cette année? mon app' t'atendait. Adieu je tombe de fatigue.

C^{el} FAVIER.

Donne moi des nouvelles de notre bon grand père. Fais lui parvenir des miennes.

(*Au dos*). A Madame
    Madame Pauline Périer à sa
        terre de Fuélins près la Tour du Pin,
            Dép' de l'Izère
              La Tour du Pin
                  Izère.

Allemagne, 27 juillet 1812.

hier soir, ma chère amie, après 72 heures de voyage je me trouvais deux lieues plus loin que la triste ville de Feulde, à 171 lieues de Paris. La lenteur allemande m'a empêché d'aller aussi vite aujourdhuy. Je viens de m'arrêter pour la première fois depuis Paris dans un petit village que tu ne connaîtras pas davantage quand je t'aurai dit qu'il s'appelle Ekatesberg ce qui veut dire ce me semble la montagne d'hécate. Il est à coté de la bataille de Iena et à 12 lieues en deça de la pierre qui marque l'endroit ou Gustave Adolphe fut tué à la bataille de Lutzen. On sent à Weimar la présence d'un prince ami des arts, mais j'ai vu avec peine que là comme à Gotha la nature n'a rien fait. elle est plate comme à Paris. Tandis que la route de Haaven à Eisenach est souvent belle par les beaux bois qui bordent la route. En passant à Weimar j'ai cherché de tous mes yeux le chateau du Belvedere, tu sais pourquoi j'y prends interêt. Give me some news of mistress Vict.

Vais-je en Russie pour 4 mois ou pour deux ans? Je n'en sais rien. Ce que je sais bien, c'est que mon contentement est situé dans le beau pays

        Che il mare circonda
        E che l'Alpe et l'Apennin parte.

Voilà deux vers italiens joliment arrangés. Adieu ma soupe arrive et je pars. Mille amitiés à tout le monde. donne de mes nouvelles à notre bon grand pere.

HENRY.

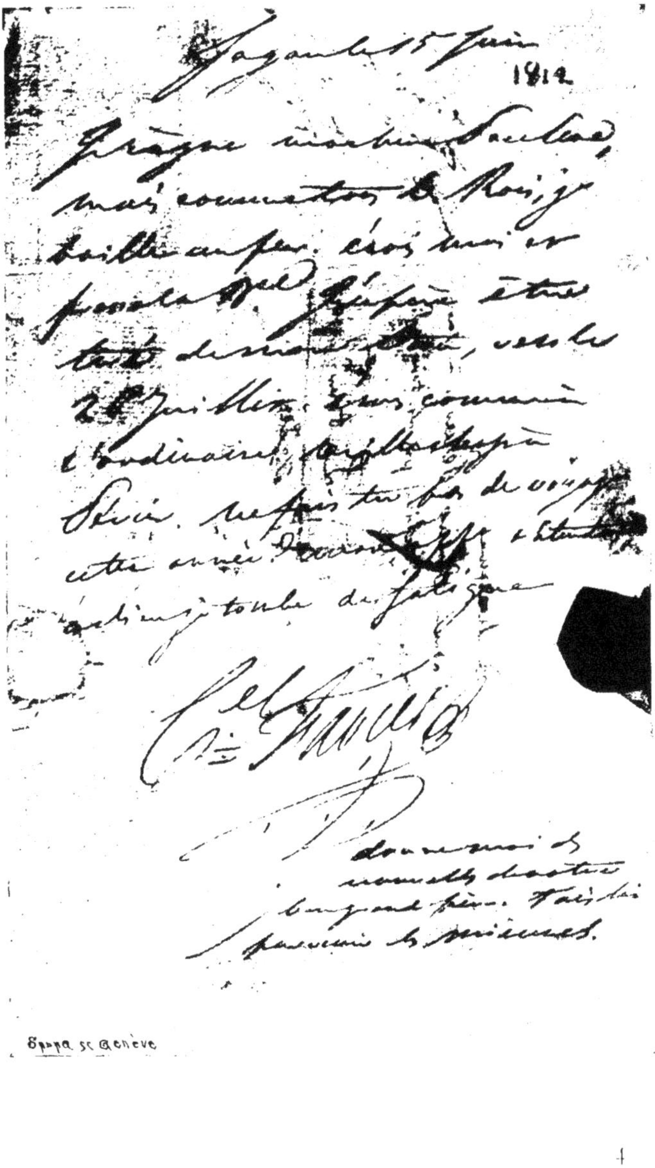

Gagny le 5 Juin
1812

[lettre manuscrite, en grande partie illisible]

[signature illisible]

[Cette lettre est adressée au domicile occupé alors rue du Sault à Grenoble par Mme Perrier (1).]

C'est en cette année que se place un fait qui a échappé à tous les biographes de Stendhal. Beyle voulut être baron. Une pièce dont l'original appartient à M. Bigilion qui avait épousé une nièce de l'écrivain, une fille de sa sœur Zénaïde devenue Mme Mallin, et dont une copie figure dans le *fonds Chaper* d'où l'a extraite C. Stryenski pour la publier en l'Appendice VII de son édition du *Journal*, l'établit notoirement : Beyle le père fait don à son fils d'une maison sise place Grenette, estimée 60.000 francs, et qui doit servir à former le siège d'un majorat. Mais cette donation est entourée de conditions si draconiennes que, lorsque Stendhal se plaindra de la dureté de son père à son égard en ses temps de prospérité, il n'y aura aucunement lieu de comparer ses récriminations à la spirituelle inconvenance de Cléante envers Harpagon. Je sais bien que plus d'un a fait à Beyle un grief sévère de ses imprécations. Essayons de le défendre, sinon de le justifier, en excusant sa mauvaise humeur. De tous temps, dans sa famille, Beyle avait vu se succéder les ventes, les achats, les procès ; les hommes de loi avaient fort glané dans les biens mobiliers et immobiliers de son grand-père et de son père, ainsi que l'attestent de nombreux *Mémoires* (2) ; et plus

---

1 Collection Chaper.
2) Collection Guillemin, de Billancourt (Seine).

tard le propriétaire de Furonières avait engagé des dépenses excessives dans lesquelles sombra sa fortune tout entière, dissipée par l'agriculturomanie. « La gangrène, dira Stendhal, est dans la fortune de mon père. » Les dettes, en effet, dévorèrent 400.000 francs d'immeubles qu'avait possédés la famille. Chaque année, les

LA BERGERIE DE FURONIÈRES

intérêts de 8 à 10 o/o faisaient perdre 10.000 ou 12.000 francs sur les capitaux, ainsi que nous l'apprend encore Stendhal et, en 1816, il fallut en venir à la vente : Furonières fut acquise par le général Durand.

Nous visitâmes Furonières passée aux mains du baron Bougault, neveu du général, et qui garde la

trace de ces folies et le souvenir toujours présent de
Stendhal. Une horloge monumentale, une bergerie en
pierres de taille attestent les sommes englouties ; la
chambre d'Henry pieusement conservée porte encore
les serrures compliquées sous lesquelles l'écrivain
composait jalousement. et la célèbre allée de tilleuls
semble encore sentir les vestiges de ses pas.

Y était-il heureux ? Je l'ignore et, à vrai dire, je ne
le pense pas. « Claix, écrit-il, en une de ses *Notes* dont
j'ai parlé et que j'ai prise au dos d'une lettre, est tout
bonnement une maison de campagne, assez bien située
à la vérité , mais qui me paraît tantôt sublime,
tantôt triste suivant que le vent souffle. Les jours
d'orage. le trouble du temps étant d'accord avec
mon âme, je suis content. » Cette vie campagnarde
avait le seul avantage de le charmer de loin. Ses
voyages en espérance sont toujours délicieux, et les
semaines qu'il doit passer à Claix enchanteresses dans
ses *Lettres*. Mais de près tout change. M. Beyle père
promet bien. mais tient mal ; il est d'humeur rude et
garde très fermée sa bourse.

Nous trouvons mainte fois la constatation de ce
fait dans la *Correspondance* de Henry et dans celle
de Pauline qui n'a pas été publiée, et que nous
avons lue dans le *Fonds municipal* de Grenoble. Là
aussi avons-nous découvert un *Cahier* portant pour
titre : *Pensées diverses*. et qui est un extrait, fait avec
sa sœur, d'anciens cahiers dont on supprimé le fatras,
et renfermant des notes. des réflexions. des plaisan-

L'Allée de Tilleuls

teries, des études grammaticales, des règles de ver-
sification, des plans de pièces, le tout écrit à Furonières.

Revenons à l'an 1813 : Beyle est très fatigué,
découragé, aveuli. Les Grecs dans leur calendrier
inscrivaient sous le nom de *jours creux* les jours
complémentaires ajoutés pour rejoindre les divers
mouvements de la terre et compléter l'année en son
orbe. Ainsi font de notre temps, me suis-je laissé dire,
les héritiers des acteurs du *Roman Comique* ou du
Capitaine Fracasse, — c'est tout un, — pour leurs
jours de tournée perdus et destinés à relier deux succès
ou deux chutes. Stendhal vivait en ces jours creux;
son cerveau, à la fois embrumé et surchauffé, allait à
la méningite qui guette les névrosés de sa trempe. Il
le sentit et s'enfuit vers Milan, avec le désir de
guérir.

Une lettre inédite à Mme Périer nous renseigne très
curieusement sur son état physique et moral.

Venise, le 8 octobre 1813.

Ma chère amie,

Les premières années d'un hom. distingué, sont comme un
affreux buisson. On ne voit de toutes parts qu'épines, et branches désagréables et dangereuses. Rien d'aimable, rien de gracieux, dans un âge où les gens médiocres, le sont pour ainsi dire
malgré eux, et par la seule force de la nature, avec le tems,
l'affreux buisson tombe à terre, l'on distingue une ombre ma-
jestueuse, qui par la suite porte des fleurs délicieuses.

J'étais un affreux buisson en 1801, lorsque je fus accueilli
avec une extrême bonté par Me Borove milanaise femme d'un
marchand, ses deux filles fesaient le charme de sa maison. Ces
deux filles aujourdhuy sont mariées, mais la bonne mère

existe toujours ; on trouve dans cette société un naturel parfait et un esprit supérieur de bien loin, à tout ce que j'ai rencontré dans mes voyages.

D'ailleurs on m'y aime depuis 12 ans. J'ai pensé que c'était là que je devais venir achever de vivre, ou me guérir si suivant toutes les apparences la force de la jeunesse l'emportait sur la désorganisation produite par des fatigues extrêmes.

Je me suis placé à Milan dans une bonne Auberge dont j'ai bien payé tous les garçons, j'ai demandé le meilleur médecin de la Ville, et je me suis apprêté à tenir ferme contre la mort. Le bonheur de revoir des amis tendrement chéris, a eu plus de pouvoir que les remèdes. Je suis à l'abri de tout danger. Je me joue de la fièvre maintenant. Elle ne me quittera qu'après les chaleurs de l'été prochain, elle me laissera les nerfs extrêmement irrités. Mais enfin je dois la santé à cette manœuvre. quand j'ai la fièvre, je vais me tapir dans un coin du salon, et l'on fait de la Musique, on ne me parle pas, mais bientôt le plaisir l'emporte sur la maladie, et je viens me mêler au cercle.

Il est possible que Mʳ Antonio Pietragrua, jeune homme de 15 ans, et serjent de son métier passe en France. C'est le fils d'une des 2 sœurs. si jamais il t'écrivait, fais tout au monde pour lui procurer qqᵉ agrément en France. J'y serai mille fois plus sensible qu'à ce que tu ferais pour moi. Tes bons offices consisteraient à lui faire parvenir une somme de 2 à 300 f., et à le faire recevoir dans une ou deux sociétés de Lyon. S'il va à Grenoble, je le recommande à Félix partout ailleurs je le dirigerai de Paris. Garde ma lettre et le cas échéant souviens-toi de traiter M. Antonio Pietragrua comme mon fils.

Je suis très content de Venise. mais ma faiblesse me fait désirer de me retrouver chez moi, c'est à dire à Milan. Il faudra bien rentrer en France vers la fin du mois de Novembre. Si cela ne te dérange pas trop viens à ma rencontre jusqu'à Chambéry ou Geneve.

Cᵉˡ Sɪᴍᴏɴᴇᴛᴛᴀ.

Quels sont tes projets pour le voyage de Paris ?
tu logeras chez moi n⁰ 3.
    Mille amitiés à François
Recacheté par moi avec de la cire.
Ne dis pas to the father ou je suis (1).

---

(1) Collection Chaper.

Ce ne fut point en novembre 1813, comme il l'annonçait, mais en 1814 que Beyle revint à Grenoble avec une mission diplomatique : il avait la charge d'accompagner le commissaire extraordinaire envoyé par l'Empereur dans cette ville. La baronnie non obtenue, il avait pris le *de* nobiliaire, dont s'égayèrent fort ses compatriotes, gens, on le sait, peu faciles à duper. Il ne leur pardonna jamais leurs plaisanteries.

A la chute de l'Empire, il regagna Milan où il se satura de musique, de peinture et d'amour, fit, en 1818, sous motif de peine de cœur, un voyage en France et reparut à Grenoble, en 1819, pour coopérer à l'élection de Grégoire. Il nous a laissé quelques lignes en sa *Correspondance* sur cette période à laquelle il assista plutôt en spectateur écœuré. « Je parierais, écrit-il, pour M. Grégoire ; le parti libéral, guidé par M. Duport-Lavillette, une des meilleures têtes du pays, le porte ferme.... Le préfet déclame ouvertement contre Grégoire, et, ce matin, on a reçu un pamphlet anonyme contre ce digne évêque : c'est le relevé de ce qu'il a dit en 1792 contre la royauté. Malheureusement, c'est justement ce que pensent nos *pétrâ* de campagne qui payent 300 francs juste. Les susdits paysans sont les seuls (à part l'opinion antimonarchique) qui pensent raisonnablement sur tout... »

L'élection faite, il repartit pour l'Italie. En 1821, à la suite d'une accusation de *carbonarisme*, qu'inventa tout gratuitement la police autrichienne, qui le traita avant l'heure comme l'illustre Gaudissart, il fut prié de s'éloigner des États de S. M. I. et R., passa les derniers mois de l'année à Londres, qui lui déplut fort à cause de ses brumes et de son aspect prosaïque, et rentra à Paris.

Avec un bagage assez considérable d'œuvres, Stendhal apportait une certaine réputation et une dose de cosmopolitisme rare, quand il pénétra dans les salons de la Restauration. Il n'y réussit guère, — car, ainsi qu'il le dit, « les eunuques étaient en colère permanente contre les libertins, » — soit chez Destutt de Tracy, soit chez la veuve de Cabanis, chez Cuvier, chez le baron Girard, ou chez Mme de Castellane.

De Tracy cachait, à l'opinion de Mignet, un cœur passionné sous des dehors calmes ; il y avait en lui un désir vrai du bien, un besoin d'être utile. Il fit grand accueil à Beyle. Le doyen de son salon était son parent, le général La Fayette, que Stendhal a peint avec sa haute taille, sa figure imperturbable, froide, insignifiante comme un vieux tableau de famille, et sa tête couverte d'une perruque à cheveux courts mal faits. Les autres familiers étaient Charles de Rémusat, François de Corcelles, Victor Jacquemont, physionomie poétique à la Millevoye, enlevé, n'ayant que trente-un ans, à la science et à ses amis, Georges Washington, Victor de Tracy, le fils de la maison, et sa jeune femme, Sarah Newton, modèle de la beauté délicate anglaise. De jour en jour ils se sentirent moins liés avec leur hôte qui les effrayait par ses théories. Seule, Mme de

Tracy, adorable femme qui trouvait en Beyle *une étincelle*, le toléra.

Il en fut encore de même chez la veuve de Cabanis, où fréquentaient le gendre du philosophe, le sculpteur Dupaty, qui d'abord le reçut fort bien, et sa femme, « haute de six pieds et malgré cela fort aimable ; » Fauriel, qui n'eut aucune réputation en dépit, — à cause peut-être, — de sa sincérité littéraire ; l'helléniste Turot, honnête homme et bourgeois comme toute la maisonnée, que Stendhal effaroucha vite par sa conversation et sa liaison avec la Pasta, qui triomphait au théâtre dans *Tancrède, Othello, Roméo et Juliette.* De cette artiste nous avons un portrait tracé par Georges Sand, qui la connut plus tard. Elle était petite, grasse, trop courte de jambes, avec beaucoup de noblesse dans les attitudes et une belle tête de camée. Elle habitait alors l'hôtel des Lillois, rue de Richelieu, où logeait aussi à cette époque Henry Beyle, et entre eux, à l'en croire, la chose s'est toujours bornée à la plus stricte et à la plus dévouée amitié.

Cette trop rapide antipathie qu'inspira Stendhal dans tous les milieux gourmés, il la rencontra aussi chez Mme Ancelot, qui réunissait démocratiquement les personnages en vue et les illustrations anciennes et récentes, qui devait bientôt deviner Lachaud dont elle fit son gendre, et qui a consacré à Beyle un aimable souvenir dans ses *Salons de Paris ;* chez Mme de Castellane, où il vit Thiers qu'il trouve bavard, Mignet qu'il déclare sans esprit, Béranger dont il se contente de louer le caractère : chez Mme Récamier, où présidait Chateaubriand, qu'il appelle « le grand Lama. »

Il ne s'est vraiment trouvé à l'aise que chez Delécluze, le critique d'art des *Débats*, qu'il a affublé du pseudonyme moliéresque de *M. de Létang*, et près de qui il connut Ampère, fils du plus poétique des savants, et lui-même le plus savant des prosateurs, d'ailleurs « changeant comme avril ; » Albert Stapfer, l'élève de Guizot qui passa ensuite à Armand Carrel ; l'éditeur Sautelet, — il y en a d'aimables ; — P. L. Courier ; le baron de Mareste, homme du monde spirituel, type de l'ami des artistes, amateur capable de goûter les plus belles passes d'armes d'escrime : Adrien de Jussieu, le botaniste, représentant aussi la galerie et appréciant d'un mot la valeur du tournoi ; Guizard ; Dubois, rédacteur du *Globe*, aux idées abondantes qu'il exprimait mal ; Vitet ; Rémusat ; Ch. Magnin, le critique de la *Revue des Deux-Mondes* ; Prosper Mérimée, sur lequel il prit une grande influence et qui se fit son biographe. Mérimée, auquel le comte d'Haussonville a consacré un livre fouillé, était un charmeur ; Musset l'a comparé à Calderon, et V. Hugo, en lui envoyant ses *Orientales*, inscrivait sur la première page cette mention : *A notre Maître à tous*. Il avait pris à Stendhal son amour de l'histoire de l'art et son libertinage littéraire : car Stendhal, au dire de Sainte-Beuve, « tenait le dé et faisait le diable à quatre ; harcelait le maître de la maison, tenait tête à Courier, relançait chacun....., trompette à la fois et général d'avant-garde, « qui aurait pu. — on le croyait déjà — être le chef d'une révolution littéraire. Delécluze logeait rue Cabanis. au coin de la rue Neuve-des-Petits-Champs, où il habitait un appartement composé de quatre chambres ornées d'objets d'art ; et sa maison était une sorte d'académie que Stendhal prisait très haut. Ce Delécluze, auteur de *Louis David, son école et son temps*, livre paru en 1855. était un partisan fanatique de David dont il avait été l'élève. et défendait ses traditions contre toutes les tentatives d'innovation et les assauts des romantiques. Par là, il n'était peut-être guère agréable à Stendhal ; mais ils avaient tous deux des points communs. notamment l'horreur du gothique. En ce salon, on laissait Beyle exposer sans haros ses théories. lancer ses formules : et c'est avec une joie émue que toujours il se souvint des heures passées en cette compagnie. Elle ne le comprenait cependant pas beaucoup plus que les autres : mais le maître de la maison, critique exact et pondéré, sans l'ombre de talent et sans la moindre imagination. jouissait de l'extravagance de ses hôtes et les taquinait même au besoin pour les exciter. Il y trouvait son compte ; car, le soir venu, il écrivait, sans rature, sur un beau papier bourgeois. le récit des conversations les plus abracadabrantes. pareil à un Platon moderne. Tout ce qu'il y avait de distingué par l'esprit se pressait aux matinées de

Delécluze, qui avait formé comme un petit foyer central dans le mouvement de son époque, et n'en était pas médiocrement fier.

En 1828, l'année fut rude pour Beyle. Il vécut d'articles imprimés dans le *New Monthly Magazine*, que dirigeait à Londres le libraire Colburn, payant irrégulièrement au début, puis ne payant pas. Il se fit alors recommander par Champollion pour l'emploi de conservateur de la bibliothèque du roi, mais il ne put être nommé. Découragé, tremblant à l'idée de la mort, Stendhal fit quatre fois en douze mois son testament en faveur de sa sœur Pauline, avec quelques legs particuliers.

La Révolution de 1830 le tira d'affaire au point de vue matériel, — mais par quelle voie ? — en faisant de lui un fonctionnaire. Il adressa au comte Molé, le 25 août, une demande à fin d'entrer dans les ambassades, et le ministre lui confia, le 29 septembre, le poste de consul à Trieste. Il remercia Son Excellence ; mais le poste lui plut médiocrement, — sa *Correspondance* en fait foi. — et il devint maigre « en lisant *la Quotidienne* et *la Gazette de France*, et en touchant à la barbarie. » Cela ne l'empêchait pas de prendre au sérieux son métier et de réagir contre la contrebande qui sévissait. Son marasme toutefois alla en augmentant, et quand, l'année suivante, le comte Sébastiani le nomma à Civita-Vecchia, il partit sans enthousiasme pour cette ville qu'il annonce un peu plus grande que Saint-Cloud et où la fièvre régnait deux mois de l'année. Il y crut souffrir encore davantage, si possible, « parmi ces barbares africains, » et cela dès le jour de son installation, (18 avril 1831).

Le climat, l'ennui surtout le dévorèrent : cette monotonie dont il se plaint en divers lieux, du travail à casser les bras, des sottises bureaucratiques à exécuter, le métier odieux dans sa stupidité, le caporalisme élevé à la hauteur d'une institution magistrale. Être Stendhal, et devenir une machine administrative, bonne à s'occuper de quarantaines, de mémoires et de notes officielles, à s'inquiéter de la vente de l'alun ou de douelles pour tonneaux ! Être Stendhal, et vivre sous l'influence du *God* malfaisant, aussi loin de la vie intellectuelle que si l'on était à Bornéo !

> Alors, las d'être esclave et de boire la lie
> De ce calice amer que l'on nomme la vie,
> Las du mépris des sots qui suit la pauvreté,
> *Il* regarda la tombe, asile souhaité...

Ajoutons à ces causes de déconfort que Beyle trouvait les populations hostiles et l'esprit gallophobe développé au plus haut degré. Armandi venait de trahir, Ancône de capituler dans une horrible violation du droit des gens, et l'on assassinait dans les rues. Les prêtres s'agitaient, dirigés par le nonce du pape, Mgr Brignole, qui prenait son mot d'ordre auprès du comte de Saurau, ancien gouverneur de Milan. Les dépêches diplomatiques de Beyle sont du plus haut intérêt : il y étudie avec beaucoup de sagacité les mœurs politiques et les finances de l'Etat romain et

entre dans le détail le plus minutieux sur l'opinion
publique, les impôts, cadastre, main-morte, causes de
misère profonde, et sur l'influence ecclésiastique, motif
de crainte et de dénonciations incessantes. Nous y
lisons aussi le récit de sa mission à Ancône, remplie,
au dire de ses chefs, avec beaucoup de talent et de
sagesse. Et, malgré toutes ces occupations si diverses,
Beyle ne se consolait point ; vide et lassé, il trouvait
une certaine douceur à se croire malheureux ; il dé-
périssait dans l'attente vaine et vague. Qu'espérait-il ?
Eh ! le savait-il bien lui-même ? Le bateau venu de
France, apportant le courrier béni, ou même déposant
quelque touriste, auprès duquel, tel Ovide chez les
Scythes, il pût s'informer de Paris si lointain et si
regretté. Il écrivait : « Je n'ai jamais mieux senti le
malheur d'avoir un père qui se ruine... Être obligé de
trembler pour la conservation d'une place où l'on
crève d'ennui ! » Et ses *Lettres* à ses amis ne sont
qu'un long et plaintif gémissement: « J'ai cherché à
ne pas faire une plaisanterie depuis mon arrivée ; je
n'ai pas dit une chose cherchant à être amusante ; je
n'ai pas vu la sœur d'un homme ; enfin j'ai été modéré
et prudent... » Et le refrain : « Je m'ennuie ! » verbe
dont il conjugue tous les temps. « Oh ! la province, la
petite ville ! Un esprit de province vaudrait mieux
élevé à Paris, et dans un butor de Paris on voit de
combien de degrés il aurait été plus butor en province. » La névrose, avant le mot employé, la sainte
névrose qui fait mourir lentement sous l'âpre blessure

des nerfs tendus et exacerbés. mais qui donne aussi la
fierté nécessaire pour savoir souffrir, dont la morsure
rend plus doux les rares baisers de la vie, force à mieux
poursuivre l'idéal perdu, crée les élans fous, et fait
fleurir dans les cœurs la pourpre des roses et du
sang !

Seuls de fréquents congés passés à Rome ou à Paris,
le calmaient en cette névrose. C'est au retour d'un de
ces congés, en 1833, que, descendant le Rhône pour
aller s'embarquer à Marseille afin de rejoindre son
poste, il fit le voyage avec George Sand et Alfred
de Musset, qui allaient sombrer, pleins, à cette heure,
de jeunesse amoureuse et de poétiques espérances,
dans la lamentable aventure de Pagello. Tout le
monde sait l'histoire : elle a fait le tour de la
presse ; car, sous prétexte de documents à produire,
on a sali notre admirable poète de cette exhumation
odieuse et, qui pis est, bien inutile. Musset estima
Beyle tout à fait de son goût. Ce furent des arrêts
que rapporte G. Sand « dans une mauvaise auberge de
village... où Stendhal fut d'une gaîté folle, se grisa
raisonnablement et dansa autour de la table avec ses
grosses bottes fourrées. » *La Mandragore Briançon-
naise*, que rédige et édite « un groupe de fureteurs
dauphinois, » consacre dans son n° de décembre 1899,
sous la signature de P. Guillemin, un intéressant article
à Beyle, où l'auteur parle, d'après Mariéton, « de deux
dessins d'Alf. de Musset, présentant la *charge* de
Stendhal, d'abord de profil, énorme et grave dans sa

redingote opulente, puis gracieux avec ses bottes fourrées et son manteau à triple collet, dansant devant une servante d'auberge » (1).

STENDHAL DANSANT
(D'après le dessin d'A. de Musset).

Et ce furent aussi de longues causeries dont nous avons l'écho dans une conversation rapportée par Paul de Musset, en laquelle Stendhal déplorait que Musset ne fût pas payé par son éditeur à tout le moins autant que Byron, et où le charmant et modeste poète répondait en souriant : « Avant de vous emporter, il faut savoir si la même différence n'existe pas entre la qualité des vers de lord Byron et celle des miens. » Ce furent encore des promenades à travers Civita-Vecchia,

Où Stendhal, cet esprit charmant,
Remplissait si dévotement
Sa sinécure...

Pour Musset tout paraissait beau au départ. Aussi

(1) *La Mandragore* reproduit le second de ces dessins, qu'a donné aussi *le Gaulois du Dimanche* en son n° du 27-28 janvier 1900.

quel retour et que fut désenchanteur le réveil du
songe ! Mais comme la poésie ne perd jamais ses droits
avec le génie, ce cauchemar nous valut des chefs
d'œuvre de lyrisme :

> Mon pauvre cœur, l'as-tu trouvé ?...

Quand à Sand, plus froide et plus fine, tout en reconnaissant un esprit brillant à leur compagnon de
route, elle fut choquée du feu roulant de sa moquerie,
et, si elle ne le crut pas méchant, elle s'étonna, avec
une nuance toute féminine, de la peine qu'il se donnait
afin de le paraître. Pour l'homme, elle le trouva
« quelque peu grotesque et point du tout joli. » Heureusement, elle était trop timide pour exprimer de
vive voix cette opinion, que plus tard elle écrivit.

En 1835, Beyle eut une déception. A la fin de 1832,
Saint-Aulaire, ambassadeur à Rome, avait demandé
pour lui la croix de la Légion d'honneur et, en 1833,
on avait renouvelé cette demande, appuyée sur les
états de service du soldat de l'Empire et du consul
estimé. Or, la décoration lui fut accordée deux ans
après, à titre d'homme de lettres, sur la proposition
du ministre de l'instruction publique. Il en fut très
mécontent. Sa besogne de consul, comme il dit, semblait ainsi mise au second plan. Il était bien utile
alors de souffrir de la sorte, puisqu'il suffisait d'écrire
pour mériter cette distinction !

Sa maladie, gagnée à Trieste par suite de *la bora*
aggravée à Civita-Vecchia par *l'aria cattiva* des
Marais Pontins, le força à demander un congé et, le

23 mai 1835, il arrivait à Paris, où il demeura jusqu'au 24 juin 1839, reprenant ses chères habitudes, courant les salons, soupant au Café Anglais, poussant des excursions en Espagne, en Ecosse, en Irlande. Il eut continué cette vie s'il avait eu des rentes. Par malheur, son demi-traitement de consul était insuffisant, et il fut contraint de reprendre la route de Civita-Vecchia. La goutte, d'affreuses migraines, résultat du travail cérébral, qui tue plus sûrement que la débauche, l'y suivirent; il reprit toutefois son service, mais fut tôt obligé de l'abandonner à son chancelier Lysimaque Tavernier, pour aller à Genève consulter le docteur Prévost, qui lui prescrivit le repos, en lui ordonnant un régime sévère. Il avait raison, ce médecin, et il avait formulé de bons conseils pour un bourgeois. Stendhal rentra donc à Paris, ne suivit pas l'ordonnance et, le 22 mars 1842, fut frappé d'apoplexie, vers sept heures du soir, en se rendant au ministère des affaires étrangères. Transporté chez lui, rue Neuve-des-Capucins, il y mourut le lendemain. Son acte de décès a été publié par H. Cordier. « Je lui avais toujours entendu souhaiter de finir sans s'en apercevoir, » écrivait Félix Faure à Bigilion, en une lettre dont nous avons retrouvé un fragment inédit, « il a été servi selon ses désirs ».

Suivant les indications de Beyle, Colomb lui fit élever au cimetière Montmartre un monument composé d'une pierre plate entourée d'une grille, au chevet de laquelle se dresse une autre pierre qui contient une plaque de marbre blanc (1). Au dessus, une

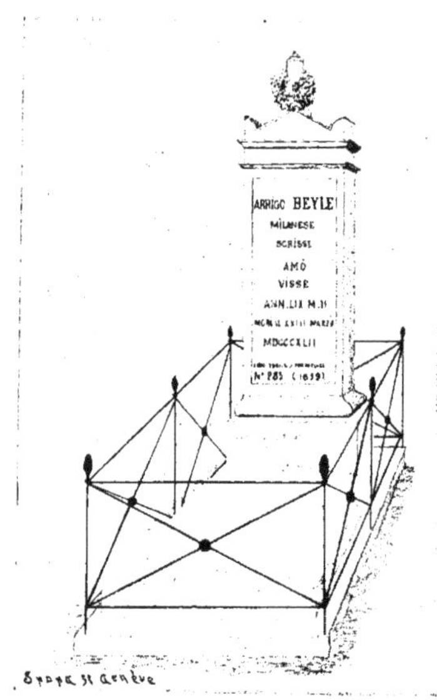

urne avec les initiales H. B. et, sur la plaque, cette inscription :

ARRIGO BEYLE
MILANESE
SCRISSE
AMO
VISSE
ANN. LIX M II
MORI IL XXIII MARZO
MDCCCXLII.

Il y a eu là une transposition de mots. Le texte est *Visse*, *Scrisse*, *Amo*. que j'ai trouvé écrit jusqu'à

-----

(1) Robert David d'Angers, fils du grand statuaire, un des plus psssionnés stendhaliens, a ajouté un *médaillon*.

trois fois de la main de Beyle. Il y a aussi un terme qu'on lui a fort reproché : *Milanese*, et qui lui a valu d'être appelé par Monselet « renégat de sa famille et de sa patrie. » L'expression me paraît rude et semble dépasser la faute. Beyle n'aima pas Grenoble, qui le lui rendait bien jadis ; et il a voulu surtout, que je croie, trouver une originalité posthume qui fut seulement d'un goût douteux. On n'est pas spirituel tous les jours, et notamment à l'heure où l'on dicte ses dernières dispositions.

La presse française constata la perte d'un homme de talent. Je citerai, outre *la Gazette du Dauphiné*, (n° du 3 avril 1842), les articles nécrologiques élogieux que consacrèrent à Beyle-Stendhal *le National*, du 1er avril, sous la signature de *Old Nick*, et *le Courrier Français* du 6, sous celle de Paul Merruau. Plus tard, H. Gariel, en un article de *la Petite Revue des Bibliophiles Dauphinois*, éleva la juste plainte que pas une rue, pas une place de sa ville natale ne portât le nom de Stendhal, alors que une *aquarelle mi-corps* figurait dans la *salle des Illustres* de la *Bibliothèque Municipale* et que le magnifique *portrait* de Dreux d'Orcy ornait le *Musée*, où le remarquait, lors de son passage, l'impératrice Eugénie, admiratrice de l'homme et du littérateur. Grenoble se rendit-elle à cet appel ? Revint-elle enfin de ses préventions ? Tant il y a qu'elle a honoré une de ses rues du nom de Beyle-Stendhal.

§ II.

Je n'ai pris cette légère peine d'écrire la biographie de Stendhal que pour relever quelques erreurs accréditées, pour donner quelques traits de caractère tirés de ses écrits ou de documents inédits encore, pour replacer enfin l'homme dans son milieu avant d'en arriver à l'auteur.

Avec donc ce fil d'Ariane, ténu certes, mais indispensable, nous allons pénétrer dane les *Œuvres* et en faire l'étude critique, informés désormais que nous sommes en face d'une personnalité puissante, et fermement résolus à n'exagérer aucune des qualités maîtresses de Beyle, à ne dissimuler aucune de ses faiblesses.

Emile Zola a fait de Stendhal un des pères de l'École naturaliste. Pareil à ce doge de Gênes qui avait nom Marino Faliero, le plus étonné de se voir en cette attitude serait Stendhal. Tout ce que vous voudrez, mais pas cela ! Stendhal n'est le père de rien ; c'est un observateur homme du monde, écoutant, s'il le faut, aux portes des salons et venant redire aux lettrés qui font antichambre les secrets reçus ou découverts, les confidences et les aveux susurrés : ayant quelque parenté avec l'écrivain des *Liaisons Dangereuses*, et pouvant prendre pour devise ce mot de L. Ulbach. «J'ai vu les mœurs de mon temps et j'ai écrit mon livre». De là à être un chef d'école, un père spirituel, il y a très loin, et l'on reste, — ce qui est déjà bien coquet, — une individualité parfois suspecte, souvent étrange, toujours curieuse de romancier.

Balzac jugeant, en 1840, *la Chartreuse de Parme* en sa *Revue Parisienne*, se laissa aller à cette erreur d'opposer Henry Beyle à Victor Hugo, le premier comme maître dans la littérature des idées, le second dans la littérature des images, et de proclamer cette *Chartreuse* le chef-d'œuvre de ladite littérature des idées, un livre où le sublime éclate de chapitre en chapitre, un livre qu'écrirait Machiavel s'il vivait banni de l'Italie au XIX⁰ siècle. Tout cela, c'est se payer un peu de mots, c'est faire de la littérature de phrases. Et d'ailleurs, cet emphatique enthousiasme provoque une réaction d'acerbes critiques ; et, de cette manière, tout le monde dépasse sa pensée en face de « cette louange à mort, » ainsi que parle Sainte-Beuve.

Beyle, on le conçoit, fut heureux de ces éloges dithyrambiques partis de haut, et il remercia chaleureusement Balzac, en une lettre ouverte, comme on dit. Remettons, s'il se peut, la chose au point.

Il y a dans la *Chartreuse de Parme* des parties d'une belle et d'une grande solidité littéraire : par exemple, l'épisode justement vanté de la bataille de Waterloo, qui n'a rien à faire là ; il y a des personnages vivants et bien campés et une étude remarquable des mœurs de la petite cour ; il y a de la passion primesautière, entraînante, mais imprudente et folle à la mode stendhalienne ; il y a un décor brillant, mais de dilettante ; il y a des intrigues embrouillées de diplomates, de cardinaux, d'officiers de justice, de conspirateurs ; il y a des souvenirs et des visions ; il y a des idées générales, comme dans tous les écrits de Beyle et dans ceux de tous les penseurs de talent. Ce qui me navre, je le confesse, dans les pages de mes contemporains les plus proches, c'est le manque d'idées générales. Nous avons des critiques fins, des professeurs informés, des érudits documentés, mais chacun a son petit cercle

étroit d'observations ténues et minuscules, si ténues et si minuscules qu'elles pourraient facilement être distraites du grand patrimoine commun,
sans autre préjudice que d'enlever un peu d'agrément à notre goût de sagacité et à notre attrait
de curiosité. Or, Stendhal est fin fréquemment,
il est informé souvent, il est documenté parfois, mais
toujours son analyse tend à l'idée générale et la rencontre en certains lieux : d'où la formation de concepts
autrement importants ; d'où la simplification et la
clarté de la pensée ; d'où l'étendue de ses limites et de
sa portée. C'est ce que n'ont point manqué de voir, en
leur temps, ces grands et larges esprits, Bossuet,
Leibniz, Condillac, et, plus près de nous, Fouillée,
Liard, Ribot et Taine, maîtres trop peu écoutés de nos
écrivains, auxquels ils ont prêché et prêchent encore
la généralisation et son rôle dans la vie mentale. Et
voyez combien la critique est sujette à discussion !
Emile Faguet, que je considère comme un maître et qui
le sait bien, a consacré toute une page à dire que
Stendhal « était presque incapable d'idées générales, »
ou encore que « celles qu'il a eues font souvent qu'on
souhaiterait qu'il n'en eût pas du tout. » J'en
demande bien pardon à Faguet, mais j'en ai trouvé,
au cours de mon étude, d'ingénieuses, de nouvelles,
et qu'il a fécondées, notamment l'amour de la
volupté et de la force et la recherche du naturel.
Mais que les pauvres lecteurs du XIXe siècle vont
être embarrassés pour se faire une opinion, s'ils

veulent autre chose que juger sur la parole d'un
maître !

Le portrait de Mosca, qui a rappelé Metternich tel
que se le figure l'imagination populaire, et qui pourrait bien être le comte de Saurau, personnage bien
connu de Stendhal, est tracé fortement : c'est le
diplomate gracieux, parlant bien aux femmes, auprès
desquelles il dépouille son importance au point de les
étonner, écrivant d'amour avec gaieté, se servant de
son influence de premier ministre pour marier sa
maîtresse, jaloux d'elle jusqu'au martyre. Rassi, le
fiscal général, « le chien enragé, » comme l'appelait le
petit peuple, le Laubardemont de cet Ernest IV,
amoindri par la peur et jouant au Louis XIV, est un
des types les plus horriblement comiques qu'on se
puisse figurer. On voit ce bourreau rire avec sa justice et, grotesque, se hausser à de gigantesques proportions. Gina, qui deviendra duchesse de Sanseve-
rina-Taxis en épousant ce petit vieillard gris-pom-
melé, bien propre, immensément riche, et qui veut
être ambassadeur sans *pourpenser* à l'avance à ses
vilenies, résout le problème de devenir sympathique
à force d'être antipathique ; belle et intelligente, elle
vit dans une gloire. Fille intellectuelle de Stendhal,
Gina n'est pas une femme ; c'est un portrait historique
que l'auteur a fait descendre de son cadre pour l'a-
nimer, après en avoir secoué la poussière du passé.
Fabrice, ce neveu pour qui elle voudrait bien être
plus et mieux qu'une tante, est l'Italien de pur sang,

que peut-être admire Stendhal, désheuré de ne pouvoir être soldat, rêvant de devenir citoyen libre de la
libre Amérique, oscillant, comme fera Julien Sorel, du
sabre au goupillon, et finalement libertin, mais brave,
étourdi, mais spirituel, ayant foulé tous les sentiers
de Naples, mais ayant gardé peu de graviers fangeux
au talon, et que régénère l'amour pur, quoique compliqué, de Clélia, sorte de Chimène bourrelée du
remords de sacrifier son père à son amant, Italienne
d'ailleurs, c'est-à-dire superstitieuse, et faisant entrer
la Madone dans ses affaires de tout genre. Et ces personnages sont vraiment très beaux, et l'on peut en
faire « la louange à mort. » Mais à côté d'eux et par eux
que de fantoches, tel cet Ernest IV, amoureux aussi
de Gina ! Quelle accumulation de scènes sans plan ni
unité, et que de hors-d'œuvres futiles dans la peinture
de cette scandaleuse chronique de petite cour ! Combien les inventions du romancier que ne fut pas
Beyle sont laborieusement subtiles, ses stratagèmes
raffinés, ses ruses abondantes et maladroites ! Comme
se prolonge trop l'analyse, et qu'elle produit de sa-
tiété ! Comme fatiguent ses passions en cascade, si
j'ose dire : Giletti jaloux furieusement de Fabrice,
parce qu'il lui a enlevé l'amour de Marietta qu'il prend
pour maîtresse ; Mosca, jaloux tristement, parce que
Gina lui a retiré son amour pour son neveu qui ne
l'aime pas ; le comte M***, jaloux bassement de
Fabrice, parce que la Fausta l'abandonne pour cet
inconnu qui la désire ; Fabrice enfin, épris de Clélia

Conti, la fille de son geôlier chef, qui sera jalouse
d'Anetta Marini! Infortuné Fabrice, changé en vaste
champ d'expériences beylistes, subissant la passion
brutale avec tous ses chocs en retour, soldat, prêtre,
condottiere, bénissant de la main qui assassine, vrai et
faux, séduisant et insupportable! Et que l'on comprend bien que, après avoir goûté de tout, il en arrive
à la retraite de cette Chartreuse qui donne son nom au
livre! La fantaisie gagne à être écourtée. Et,
d'ailleurs, pouvons-nous admirer sans des réserves
cette Italie du xve siècle transposée en notre époque,
ces espions, ces bandits, ces empoisonneurs, et surtout Ferrante Palla, ce poète brigand de vaudeville
romanesque, qui rime et vole, aime et détrousse,
offre sa vie et prend celle des autres, tous ces com-
parses qui ne sont guère bien situés? Savez-vous ce
qu'ils ont d'intéressant? C'est qu'ils établissent la
névrose de Beyle et le font de cette famille machiavélique dont Nietzche est notre plus proche représentant ; Nietzche, admirant, toujours comme Stendhal,
les pourpoints et les poignards du *quattrocento* et
de Bonaparte ; pouvant, à l'instar de Vautrin, — je
veux dire de Balzac, — faire à Rastignac un discours
sur l'art de parvenir, renouvelé de Béroalde de
Verville ; pouvant, à l'encontre de Tolstoï, cet
apôtre de la croix de Genève, prêcher la morale des
combattants, et aboutissant à la définition de la *Virtù*
de Machiavel, à savoir le droit des meilleurs, — com-
prenez les plus forts, les « surhommes, » — et à

pousser, même malgré lui, le troupeau humain vers la civilisation.

Mal composé donc, avec des parties de tout premier ordre, ce livre de la *Chartreuse de Parme*, que Sainte-Beuve prend pour une spirituelle mascarade, est aussi mal écrit. Je sais bien que Beyle déclare, en son *Journal*, ne tenir qu'à la clarté et s'appuyer sur l'opinion de Fénelon, qu'on ne s'attendait guère à voir dans cette affaire. Il n'en reste pas moins que la forme en est lâchée, et Balzac en tombe lui-même d'accord. A la réflexion, Beyle dut lui donner raison et être piqué en quelque sorte de sa réserve pourtant anodine ; car il reprit son livre et, se proposant d'en faire une deuxième édition (1), il se mit à le corriger. D'ailleurs, le panégyriste s'était rattrapé sur la qualité de la pensée et sur les incorrections coutumières au XVIIe siècle, qui n'ont rien non plus à voir ici. L'erreur de Stendhal n'a pas été peut-être de se vanter de ne pas écrire ses livres, mais plutôt de ne point les construire. Il prenait pour bases d'un roman, me semble-t-il, des maximes à la Rochefoucauld qu'il avait imaginées, et sur elles échafaudait des scènes. Psychologue donc, et non romancier ; car, si toujours l'étude de l'âme est fouillée avec art, l'intérêt est bien moins aiguisé que dans les *Mémoires de Casanova* ou dans *Monte-Christo*, que Fr. Sarcey voulut un jour rapprocher de la *Chartreuse de Parme*.

(1 Voir Appendice.

D'aucuns, parmi lesquels se range Caro, ont proclamé la supériorité de *le Rouge et le Noir* sur cette *Chartreuse*, et il n'est pas loin que je me range à leur avis. *Le Rouge et le Noir* est cependant un fait-divers, l'histoire banale, en somme, d'un séminariste, Berthet, devenu criminel par passion, et exécuté à Grenoble, en 1828. Mais le titre affirme plus de prétentions. En une interview, — il y en avait déjà, vous le voyez, — que rapporte, dans *le Curieux* du mois de décembre 1885, Ch. Nauroy, Beyle aurait, paraît-il, affirmé que « *le Rouge* signifie que, venu plus tôt, Julien eut été soldat, mais, à l'époque où il vécut, qu'il fut forcé de se revêtir de la soutane, de là *le Noir*. » Peut-être *le Rouge*, aussi bien que *le Noir*, eut pour point de départ le premier roman de Stendhal, *Armance*.

Armance avait été un essai malheureux. Il n'y a au monde qu'une seule et unique histoire d'amour, sur laquelle on a brodé et on brodera encore à l'infini. Molière, — car le XVIIe siècle a tout vu, tout compris, tout peint, — en a donné l'expression dans *le Dépit Amoureux*. Avant lui, après lui, on n'a trouvé que des nuances pour la façon dont on rompt la paille. Ce qui fit échouer *Armance*, c'est que le livre est peu intelligible et point du tout mesuré, si je puis dire. L'auteur n'y avait pas tenu la perspective du récit, et fut accusé, en outre, de compter sur un scandale, qui suivit d'ailleurs, et le fit traiter d'homme de mauvais ton, ce qui ne laissa assurément pas que de lui être fort pénible. La presse garda le silence autour de l'œuvre : seul, le critique du *Globe* donna un article fort spirituel, mais dont Beyle ne dut point se féliciter. *Armance* est la fantaisie d'une imagination maladroite, je ne veux pas croire pervertie ; c'est un livre comparable à l'*Olivier* de la Touche, ou à la *Mademoiselle de Maupin* de Gautier. Stendhal y a voulu peindre le côté triste et maladif des jeunes gens du XIXe siècle. J'ai peur qu'il n'ait réussi qu'à en griffonner la caricature. Non, ce n'est pas la jeunesse de notre époque, ni, d'ailleurs, celle de 1827, que représentent les héros d'*Armance* ; et ce qu'il y a de plus grave, c'est que Stendhal a voulu faire des portraits, à ce qu'il nous dit : Armance, c'est la dame de compagnie de la maîtresse de M. de Stroganoff, artiste aux Bouffes, et Mme d'Aumale, c'est Mme de C***, qu'il a faite sage. Eh bien ! ces personnages qui auraient vécu sont des êtres d'exception, parents éloignés des créations de lord Byron, impatientés par la vie, et dont l'amour me semble une maladie organique. De nos jours une comparaison s'impose, et d'autant que l'écrivain auquel je songe est un citoyen de cette Italie que Beyle prise si haut, et qu'il se complait à cet esthétisme recherché, et en même temps vague et élémentaire. *Armance* est une sorte d'*Intrus*, roman de ce Gabriel d'Annunzio, que certains nous jettent à la tête et trouvent adorablement exquis, parce qu'il développe les sensations subtiles, les ardeurs jalouses, les cruelles inquiétudes d'un grand enfant morbide, et qui aurait écrit sans conteste un beau livre, avec sa fière et effrénée personnalité, si l'on y trouvait la passion naturelle et vigoureuse qui est la vraie..... au moins en littérature.

Ce n'est point à dire qu'*Armance* ne soit pas remarquable sous plus d'un rapport, et Octave de Malivert est peut-être un cousin de René, de Werther, d'Adolphe et d'Obermann, mais cousin de branche cadette. Ce qui déplaît en lui, c'est le monstre physique, traînant son *babilanisme* anormal dans l'amour, épousant, pour être honnête homme, une héroïne à la fois froide et exaltée, au demeurant insupportablement pédante, et se noyant, toujours pour rester honnête homme. Ce qui plaît, au contraire, c'est qu'il a beaucoup du Stendhal timide, ombrageux, profondément tendre, qu'on n'a pas assez entrevu, et qui cache sous une cinglante ironie son âme délicate et son esprit torturé. Les personnages secondaires, et le chevalier de Bonnivet, élève des jésuites, petit gredin sans envergure, et M. de Soubirane, très *arriviste*, grand coquin au large coup d'aile, et Creveroche, sot en trois lettres, sont tous bien tracés en leur genre. Il est fâcheux que tel soit leur genre, et que, en compagnie de femmes, ou intrigantes bassement, ou follement écervelées, ils constituent, au dire de l'auteur, « un Salon en 1827. »

Or, c'est *Armance* que nous retrouvons dans *le Rouge et le Noir*, mais *Armance* réussie. Le même caractère y est développé et complété, mais plus heureusement, d'une idée plus féconde. En outre, la nouveauté des détails y masque la pensée fondamen-

tale qui avait déplu dans *Armance* ; et surtout le lecteur est captivé par la beauté touchante de l'une des
héroïnes et par la fière énergie de l'autre.

Le début du livre est d'une fraîcheur de paysage,
d'une vérité d'observation, d'une jeunesse de sensations qui font concevoir les plus séduisantes espérances. Vous n'attendez pas une analyse. Le maire de
Verrières. M. de Rénal. grand homme affairé. chevalier de plusieurs ordres, chef des ultras, adversaire
acharné des libéraux et des jansénistes, lutte d'influence avec Valenod, directeur du dépôt de la mendi-
cité, lovelace joufflu, très dévot. M. de Rénal prend
pour précepteur de ses enfants, par snobisme, Julien
Sorel, fils de petits paysans, petit paysan lui-même,
qui, tôt et naturellement, devient l'amant de Mme de
Rénal. Lettres anonymes. Il faut partir. Julien entre
au séminaire. Vous voyez d'ici les peintures de cette
congrégation, dont les membres sont en majorité des
gens grossiers, marmottant du latin sans l'entendre,
rustres par atavisme, travaillés de besoins physiques,
préoccupés uniquement « d'argent sec et liquide, » tenant en suspicion quiconque veut penser par soi-même.
Puis le héros se trouve placé dans la maison de M. de la
Môle, noble du noble faubourg, en qualité de secrétaire. Vous voyez encore la peinture de ce monde du
libertinage hypocrite et de l'infamie décorée, où tous
vivent dans une sorte d'asphyxie morale, ne dissimu-
lant pas le mépris que leur inspirent les êtres qui ne
sont pas issus de gens montant dans les carrosses du

roi, et sont entourés de plats gueux qui adulent leur grandeur d'emprunt. Julien gagne la confiance de M. de la Môle et, non moins tôt et non moins naturellement, — est-ce bien aussi rapide et aussi naturel que cela dans la réalité ? — devient l'amant de sa fille Mathilde. Il va l'épouser et a, pour ce faire, de bonnes raisons, quand des lettres de Mme de Rénal gâtent tout. Julien veut tuer Mme de Rénal, et la manque. Arrestation, cour d'assises, condamnation à mort, prison où les deux femmes se disputent Julien, exécution, et scène macabre dans laquelle Mathilde dérobe la tête de son amant et la couvre de baisers. D'après P. Bourget, Barbey d'Aurevilly admirait profondément le passage où Julien enchaîné raconte à Mlle de la Môle ses entrevues avec Mme de Rénal. J'avouerai que de tout cela je frissonne peu, qu'il y a abus de Pixérécourt et de Ponson du Terrail, et surtout que le dénoûment se complique et se dramatise encore comme à plaisir. Relisez les funérailles de Julien, les pages où Mathilde jette l'argent par poignées au populaire accouru, et celles où meurt Mme de Rénal, qui embrasse ses enfants, — il n'est point trop tôt, — et se retrouve mère, en cette fin romanesque et invraisemblable, pensée et écrite par un vieux garçon sceptique. Mais où Stendhal se révèle, c'est dans les observations délicates qu'il accumule en petites phrases piquantes et serrées ; c'est dans certains traits de certains caractères. Fouqué, le curé Chélan dont la tendresse pour Julien ne se dément point, le jansé-

niste Pirard, le grand vicaire Frilair, M. de Rénal,
M. de la Môle; c'est surtout dans la peinture de l'âme
des deux héroïnes et du héros! Toujours le psychologue!

Mᵐᵉ de Rénal est une grande dame de petite ville.
Je m'explique : elle n'a pas les travers que l'on reproche communément à la provinciale; elle ne rêve pas
seulement affiquets nouveaux à la mode parisienne de
deux ans; elle ne vit pas uniquement de ces « potins »
coutumiers en lesquels sombre toute dignité morale.
Mais elle est affolée par sa solitude d'âme et n'a d'autre
horizon que son mari et son directeur, le lit où nais-
sent ses enfants, et le confessionnal discret. Délicieusement gauche, elle ignore tout de l'amour, puisqu'elle a été élevée dans les jupes austères de sa tante,
d'où elle est passée, par le couvent, dans le giron du
mariage de convenances, — si l'on peut me concéder
que le mariage ait un giron. Je veux dire qu'elle n'a
communié que sous les espèces du sentiment conjugal
avec un homme dont le faux-col reste sans cesse em-
pesé. Aussi, rien d'étonnant à ce que, lorsque Julien
couvre ses mains de baisers passionnés, les premiers qu'elle ait sentis, elle ne dorme plus; il lui
semble n'avoir pas vécu jusqu'à ce moment. C'est une
révélation; elle nage dans le bleu. Le voilà, l'amour
rêvé : car il n'est si innocente qui n'ait fait des rêves...
Puis, soudain, l'affreuse parole « adultère » lui apparaît
en un giroiement, et le mot lui fait horreur, soyez-en
convaincus, beaucoup plus que la chose. Combien en

connûmes-nous de femmes que les mots ainsi gouvernent et qui y ont inconsciemment enfermé toute leur vie ! Mme de Rénal s'abandonne enfin, après réflexion, comme il fallait s'y attendre, à la domination de Sorel ; et alors elle est ballottée entre son confesseur et son amant. Elle confine à la folie, à cette folie doublement hystérique qui va la mener à toutes les fautes, à cette abominable lettre qui sera le nœud du drame, et qu'elle effacera sous ses imprudences, sous ses baisers et par sa mort. Le caractère peut paraître outré ; il est vrai foncièrement, et psychologiquement tracé.

Mathilde me plaît moins : noble, hautaine d'abord, d'air impertinent comme il sied à « l'une des plus belles personnes » de Paris, ensuite trop vite soumise et s'humiliant par une rapide et foudroyante fascination. Beyle, persuadé que Sorel est un homme supérieur à tous les points de vue, nous fait assister à la prise de possession de Mathilde par ce gaillard de basse extraction, — puisque la haute naissance ôte la force de caractère, paraît-il, — qui a toutes les vertus et toutes les magnanimités, avec des airs de Napoléon. Et cela se défendrait à la rigueur ; mais il y faudrait plus de préparations et des transitions plus ménagées. Telle quelle, Mlle de la Môle me semble plutôt une expérience d'auteur qu'une créature vivante ; et puis, elle chute dans le noir mélodrame du célèbre *Boulevard du Crime*, un contemporain de Stendhal.

Quant à Julien Sorel, type de l'être maladif dont l'Octave d'*Armance* est l'incomplète ébauche, ayant beaucoup de ressemblance avec Jean-Jacques Rousseau enfant, enclin à l'orgueil sacré et à la nécessaire méfiance, Beyle avouait en riant qu'il s'était peint en lui. Voici comment j'explique cet aveu : Julien rêvant de la gloire militaire, et tombant, avec la Restauration, sous le gouvernement des prêtres et des officiers d'antichambre, voyant la sacristie où il a cherché le champ de bataille, n'est-ce pas en quelque manière Beyle brisant son épée ? Ce que je retrancherais, c'est son hypocrisie, marque indubitable de la faiblesse ; car les forts n'ont aucun besoin des ressources de Tartuffe, et aussi qu'il fait la guerre en lâche, guerre de trahison et d'embuscades. Ce qu'il a de Stendhal, ce sont ses éclats de passion et ses exploits de volonté : ce sont ses efforts pénibles et combinés ; ce sont ses chutes amenées par l'exacerbation de la sensibilité victorieuse ; c'est son originalité, sa complexité de clairvoyance et d'illusions, de sincérité et de pose ; c'est sa vivacité d'idées et d'émotions ; c'est son esprit, voilà tout dire. De même que Gina est une peinture, Julien est une eau-forte, et ainsi il s'oppose, selon le mot de Taine, aux passions générales, aux pensées habillées en hommes qui ont trop peuplé la sublime littérature de notre XVIIe siècle, et aux copies littérales qu'on a trop faites de nos contemporains.

Pour ce qui est de l'étude de la vie parisienne, indiquée dans *Armance*, *le Rouge et le Noir* offre des points de vue supérieurement marqués ; nous y coudoyons la jeunesse dorée bâillant sa vie inutile et inféconde, et atteinte de la maladie du siècle dont Alfred de Musset se fit l'historiographe. Julien-Stendhal, c'est Ruy-Blas ou Didier, Rolla ou Octave, Antony ou Chatterton, — et le seul fait qu'on puisse se livrer à ces rapprochements me paraît l'éloge le plus flatteur à écrire de l'œuvre de Beyle.

Un roman inachevé, qui avait dû s'appeler d'abord *l'Orange de Malte,* ensuite intitulé *Lucien Leuwen,* et dont Jean de Mitty s'est fait l'éditeur, aurait compté trois volumes, Nancy, Paris, Madrid, si Stendhal avait eu le loisir de le terminer. La première partie en fut composée en 1833-34 et revue en 1836. De Mitty, content de son exhumation, — et l'on sait bien le délicieux prurit d'amour-propre que procurent ces découvertes-là, —vante *Leuwen* plus qu'il ne convient, s'indigne du jugement rapide de Coppée, qui le taxe de « notes de blanchisseuse, » et défend la chapelle beyliste contre les haines posthumes. Qu'il nous suffise de dire que le héros, un polytechnicien libéral et amoureux, mais sans rien du genre des personnages dont G. Ohnet a fixé plus tard la formule, est désenchanté et désœuvré comme il sied après la chute de l'Empire, et donne dans des intrigues d'estaminet et de sacristie, où il est le plus souvent ridicule et toujours ennuyeux. Ne réveillons point les morts : mais pour être agréable à Jean de Mitty, qui est un stendhalien convaincu, donnons des lys à pleines mains !

Lamiel termine la série. Cette œuvre, d'abord intitulée par Stendhal *le Petit Village de Normandie,* et

restée inédite dans ses papiers, a été publiée, en 1884,
par Stryenski et, à l'en croire, elle en valait aussi tout
à fait la peine. J'avoue qu'elle ne m'eût point manqué.
Il s'agit là d'un cas psychologique renouvelé du
XVIIIe siècle. Lamiel, enfant trouvée, pénètre au château
de Carville, y est gâtée par la duchesse de Miossens,
tombe entre les mains du machiavélique bossu Sansfin,
du séduisant abbé Clément, et gagne une curiosité de
l'amour qui va faire d'elle ce que Marivaux appelle une
paysanne pervertie. Une fois qu'elle sera éclairée par
le rustre Berville, et qu'elle se sera écriée : « Ce fameux
amour, ce n'est que ça ! » elle n'en continuera pas moins
à vouloir se renseigner avec Fédor et bien d'autres. A
noter, comme le voulait Beyle lui-même, des paysages
et descriptions de Normandie dignes de Flaubert.

A l'étude de ces romans se rattachent les nouvelles
que Beyle emprunta ici et là, et donna à divers Recueils.
Il avait acheté, en Italie, ainsi qu'il nous le confesse
lui-même, de vieux manuscrits à l'encre jaunie, datant
du XVIe et du XVIIe siècle, et contenant, en demi-patois
du temps, des historiettes de quatre-vingts pages cha-
cune, et presque tout à fait tragiques, qui devinrent la
base de son travail. De 1829 à 1836, il publia dans la
Revue de Paris quelques-unes de ces nouvelles: *Vanina
Vanini*, où l'on remarque de curieux détails sur une
vente de carbonari ; *le Coffre et le Revenant*, aventure
d'Espagne, qui trace un tableau curieux de cette contrée
au commencement de notre siècle ; *le Philtre*, imité de
Silvia Malaperta, histoire bizarre de la frénésie dans

l'amour. De 1837 à 1839, *la Revue des Deux-Mondes* reçut de lui *Vittoria Accoramboni, duchesse de Bracciano*, dont le sujet eût fourni un chef-d'œuvre à Georges Sand par ses entraînantes émotions ; *les Cenci*, peinture de l'Italie en 1599, qui renferme le portrait du don Juan François Cenci, prétexte aux variations brillantes sur le personnage, et sur lesquelles, tout à l'heure, j'aurai à revenir ; *l'Abbesse de Castro*, toutes traductions francisées, suivant sa parole, mais auxquelles il ajoute un grain de son esprit à la Voltaire. Cette *Abbesse de Castro*, c'est le prototype des Nouvelles de Beyle, avec son éloge des brigands, qui ne furent guère autre chose, quoi qu'on en ait dit, que l'opposition contre les gouvernements qui, en Italie, succédèrent aux républiques du moyen-âge ; avec ses grands coups d'épée, son esprit de galanterie, dont le signor Jules Blanciforte est le héros ; avec les malheurs effrayants et romanesques de la famille Campireali, à laquelle appartient Hélène, une des héroïnes. En 1847, la même *Revue* publia une œuvre posthume : *San Francesco à Ripa*, nouvelle de passion romaine.

Ainsi que dans les romans de Stendhal, les personnages s'agitent et ne vivent pas assez. P. Bourget a estimé que cela tient à ce que Beyle ne donne la vie en ses livres qu'à des créatures supérieures et cite, à l'appui de son dire, l'opinion de Tourgueneff et sa doctrine. Moi qui ne me flatte point de telle perspicacité, je trouve cette doctrine flatteuse pour Stendhal, mais elle ne m'empêchera jamais de déplorer que les

œuvres romanesques de Beyle se traînent à leur dénoûment à travers une fatigante multiplicité d'événements secondaires, ou nés par hasard et comme pour
ralentir l'action, distraire l'intérêt, fatiguer à souhait
la complaisance des lecteurs. D'ailleurs, plutôt que
peindre toujours des créatures supérieures, je crois
que Stendhal démontre incessamment la supériorité
des caractères qui ont pour ressort la passion sur ceux
qui ont pour ressort tout autre mobile, le devoir ou
la vanité. Et cela serait entendu à moins de frais et à
moins de pages. La vie est plus simple, au fond, que
les complications qu'il imagine, et ses personnages
sont trop fréquemment des *emplois*, au lieu de demeu-
rer des *types*. Ainsi s'expliquent, dans une certaine
mesure, les attaques de Cuvillier-Fleury dans *les
Débats* (1858) contre Stendhal « romancier détesta-
ble, » que défendit avec courage Arnould Frémy dans
le *Charivari*. Les romans et les nouvelles ne sont
point vulgaires, certes, mais marchent ainsi qu'ils peu-
vent et sont « écrits comme le Code civil », ainsi qu'il
déclare l'avoir tenté dans la note testamentaire en tête
de *Leuwen*. Cette définition de son style lui a été tournée à éloge parfois, à critique plus souvent. Nulle
manière n'est plus piquante pour Taine, qui n'aime
guère, paraît-il, la forme majestueusement solennelle
de Bossuet et de Bourdaloue. Mais, par contre, d'autres n'ont point admis cette manière heurtée, hiérogly-
phique à force d'ellipses, de tours étranges, de sens
rompus, de rapprochements disparates, de clowneries

bizarres, et n'ont point consenti à reconnaître à Beyle
des qualités d'écrivain. Encore une fois la vérité est
entre ces extrêmes. Il ne me coûte rien d'avouer que
Stendhal n'est pas un écrivain au sens strictement littéraire du terme, mais j'affirme en même temps qu'il a,
comme un écrivain de race, découvert des ressources,
des finesses dans la langue, et surtout qu'il est personnel en son *faire*; qu'il est resté, quoiqu'il en ait eu,
dans la tradition du style du XVIIIe siècle, repoussant
l'épithète chaque fois qu'elle est inutile, fuyant les
festons et les astragales chaque fois qu'ils nuisent à
la netteté de la phrase et que, sous ce rapport-là
aussi, il n'a point été banal.

Mais l'œuvre où son originalité s'étale le plus com-
plaisamment, celle que je mettrais, sans me faire trop
presser, avant toutes les autres, c'est assurément
l'Amour. Plus que personne, Stendhal, tel que je le
conçois, était qualifié pour un semblable sujet. « Je ne
l'ai jamais vu, écrit P. Mérimée, qu'amoureux ou
croyant l'être, » et lui-même déclare que la moitié
de la vie est cachée à l'homme qui n'a point aimé.

> Il existe un bleu dont il meurt
> Parce qu'il est dans des prunelles,

et il en vit aussi de ce bleu qui le torture. L'en blâme-
rons-nous? Cette sagesse, qu'on appelle également
l'abstention, est le fait des bourgeois et des eunuques.
« Sans amour, dit-il, en son *Journal*, je ne vaux rien ; »
et Beyle ne s'est jamais blasé, je le confesse, pas plus

des jupons mal attachés des servantes de taverne que
des dessous froufroutants des grandes mondaines.
— je ne charge rien, il avoue, encore en son *Journal*,
cette double inclination, — pas plus des filles que
des femmes honnêtes, « aussi coquines que les coquines, » à ce qu'il dit dans une *Lettre à Métilde*. Et
voilà de quoi faire jeter les hauts cris à toutes les
femmes et à tous les Tartuffes, c'est-à-dire éloigner
de soi la classe de beaucoup la plus nombreuse de
lecteurs. Débauché donc? J'ai déjà répondu « non »,
avec des pièces à l'appui. Et je le maintiens. Débauché,
non pas, mais cérébralement amoureux, et de là
son envergure ; de là aussi la confusion pour ceux
qui ont sur la passion des théories arrêtées et immua-
bles, et qui, comme Boileau, appellent un chat un
chat. L'art des nuances est délicat, et l'on fait vite un
débauché d'un homme amoureux de l'éternel féminin,
amoureux de tous les rythmes, entremêlant son désir
de poète à chaque créature qui passe, récitant toutes
les strophes de l'immortelle beauté, rêvant de toutes
les joies et souvent arrêté à l'orée du rêve, souffrant
de tous les bouleversements qu'entraîne en sa course
la passion, lanciné par toutes les préoccupations
qu'elle amène à sa suite, emporté par toutes les folles
espérances de ce sentiment délicieux, brisé par toutes
ses désillusions. Lisez dans P. Mérimée le récit de
l'état d'âme de Beyle après la trahison de Mme Grua ;
voyez-le privé de toute énergie, en une langueur
accablante, et concluez ensuite si cet homme était

apte à écrire de l'amour. Car, pour être maître en la matière, il faut cette qualité primordiale d'avoir de tout son être connu la passion dans la fameuse allée de tilleuls, de ces tilleuls dont la fleur, selon l'opinion de Marcel Prévost, est la fleur d'amour : il faut avoir essayé de forcer les cœurs féminins, et il faut encore, afin d'être un cambrioleur de premier ordre, que cela vous soit venu, non pas en entendant chanter, mais en entendant grincer *le rossignol*.

Or, Stendhal me paraît taillé, si j'ose dire, sur le modèle de ce héros du même Prévost dans *Mon Mari*. « Paul recommence sans cesse une expérience qui n'aboutit jamais au bonheur, et dont il doit connaître aujourd'hui si bien à l'avance toutes les péripéties. Est-ce sa fonction dans la vie de s'attaquer à la femme et de la mettre en un certain état de fermentation, comme c'est la fonction de certains organismes de faire fermenter le vin ou le lait ? On ne peut pas le nier, les femmes fermentent à son approche.... Il est par excellence l'homme d'amour.... compliqué. » Compliqué est un appendice inutile. Pas si compliqué que cela. « Homme d'amour » suffisait.

Et si l'on veut ajouter quelque chose, il convient de se reporter à l'époque *sentimentale* en laquelle Beyle aima. Musset est l'unique peut-être qui l'ait comprise :

Nous étions seuls, *pensifs*, et nous avions quinze ans.

Voilà le mot à souligner, le mot type de la littérature et des mœurs romanesques ; le mot qui a déterminé la maladie du siècle : le mot qui a interrompu la tradition des dames des Porcherons et des habituées de la loge infernale du comte de Saint-Germain, tradition qu'essaieront en vain de continuer les grandes dames de Balzac ; le mot qui explique la division nouvelle des femmes en lorettes et en bourgeoises, les unes prostituées, les autres sentimentales. Et c'est là ce qu'a entrevu Paul Adam, qui voudrait creuser la psychologie de cette nouvelle race, aujourd'hui tombée à son tour dans le temps

> A l'état de mystère ignoré de la foule.

Ce qui nous paraît connu, c'est l'influence qu'ont eue ces femmes sur leurs contemporains. Elles supprimaient la débauche, et Musset lui-même l'anathématisait ; elles reculaient devant la plasticité,

> Et faisaient des tableaux voiler les nudités ;

elles rêvaient de l'innocence angélique et élégiaque ; elles la portaient au bord du *Lac*, où le vent jouait dans leur chevelure et ne dérangeait les plis de leur robe que pour montrer le bout de leurs « pieds adorés ; » elles exigeaient la phraséologie de commande, le sourire gauche, la rougeur subite. Décidément, « homme d'amour » suffisait.

De ses expériences personnelles, Stendhal avait divisé les femmes en trois types : les gaies passionnées, [Mme d'Aumale, la duchesse de Sanseverina] ; les tendres passionnées, [Armance, Mme de Rénal, Clélia

Conti]; les imaginatives passionnées, [Mᵁᵉ de la Môle].
Et c'est ainsi armé que Stendhal écrivit *de l'Amour*.

Le livre parut en 1822. Ce fut à grande peine que
M. Darlincourt, — c'est le pseudonyme que prend
Beyle dans ses *Notes*, — put trouver un éditeur qui
voulût gratuitement de son manuscrit, et l'ouvrage
fut fort mal accueilli. Il y a même encore des lecteurs en France, nous en connaissons tous, qui
s'expliquent cette chute parce que *l'Amour* est un long
paradoxe, assez mal soutenu, à leur sens, et fort pré-
tentieux. Ecrivez donc des chefs d'œuvre avec le sang
de vos veines ! Pour réussir chez nous, le moyen
est... d'avoir du succès. Sous une apparence de naïf
truism, croyez que ma formule est la bonne. C'est
comme si je disais que, pour devenir riche, il faut
avoir de l'argent. Or, ce fut à qui se moquerait le plus
plaisamment, — vous savez bien que nous sommes le
peuple le plus spirituel de la terre, — de l'infortuné
Stendhal. De 1822 à 1833, le libraire débita dix-sept
exemplaires, et le bonhomme avisé qui, outre sa prudence, avait de la littérature, rapprochait *l'Amour* des
Psaumes sacrés de Lefranc de Pompignan. Encore un
qui avait de l'esprit ! C'est que l'on ne pardonnait pas
à Beyle ses audaces. Examinons-les de près pour les
réduire à leur plus véridique expression !

L'Amour est le corollaire naturel de la morale de
Stendhal. Cet ouvrage d'« idéologie » pose un cas
particulier de sa théorie générale : le bonheur. Le
devoir est une abstraction ; la vertu une chose imper-

sonnelle, je dirais presque un produit comme le sucre ;
le remords, une simple convention de l'éducation ;
l'honneur, une duperie, ainsi que le dévoûment ; la
morale, une invention des dévots. Le bonheur est
dans la sensation, dont le ressort unique est la
passion, cette passion italienne, rapide et fugace, née
du coup de foudre, et durant ainsi que l'éclair.
« Divin imprévu ! » dit Beyle. Pas de luttes, pas de
combats intérieurs, pas de cette vertu troublée qui
bataille contre le désir, pas de ces délais, de ces re-
tardements, de ces hésitations, de ces résistances, de
cette pudeur, maladresses essentiellement françaises,
de cette France glacée au nord de la Loire, où
l'amour, nous apprend-t-il, ne ressemble en rien à
ces arbres des pays chauds que nous ignorons, en
lesquels la femme dit franchement : « *Caro, dite a
M. che mi piace.* ». Ici je me vois contraint d'ouvrir
une parenthèse et de conjurer le lecteur qu'au temps
de Beyle on appelait « bénévole » et qui, au nôtre, ne
doit pas avoir perdu tout droit à cette épithète, de ne
vouloir point me confondre avec le théoricien détesta-
ble dont je ne suis que le fidèle historiographe, et de ne
me pas attribuer la moindre complicité avec Stendhal.
Et, fermée cette parenthèse, je reviens à ses loups.
Donc, serait-ce bien l'idéal que le nôtre, qui se réduit
en cris de passion contrariée par les lois sociales, en
désirs fous de lèvres, en rages acerbes de jalousie, en
enlèvements préparés dans la fièvre et inachevés au
réveil de la raison, en arrachements forcenés, mais

nécessaires, de bras qui n'ont pas eu le temps de se refermer? Et, du côté de la femme, serait-ce la vérité que de se refuser, ou bien de se donner avec l'idée de se reprendre? Non point! Tout cela n'est pas l'amour, l'amour libre et saint, l'amour violeur des contraintes, en lequel l'homme marche droit au but, férocement si vous voulez, et où la femme ne peut pas feindre, se feutrer de prudence, se ouater de précautions. Ainsi s'amène nécessairement cette première cristallisation qu'inventa Stendhal et qui fit fortune à ce point qu'elle retourna plus tard l'opinion, et que Francisque Sarcey lui-même, en préfaçant *la Chartreuse de Parme*, nous avoue « avoir cristallisé » à son heure.

Cette cristallisation, nul ne l'a mieux expliquée que Em. Faguet, en ces lignes : « Une brindille de bois mort, placée dans certaines grottes où l'air humide est chargé de certains sels, se couvre de brillants cristaux et devient une aigrette de diamants. L'amour proprement dit, à sa naissance, c'est cette brindille de bois mort; l'imagination, lentement, la rêverie solitaire en fait ce bijou rayonnant où scintillent tous les feux du ciel. » C'est du Stendhal et du Stendhal bien présenté.

Mais il y a une seconde cristallisation, alors que la femme croit de reine être passée esclave, et qu'elle est grisée par l'ivresse survenue du plaisir, — beaucoup moins forte donc chez l'amant que chez la maîtresse, qui préfère l'émotion à la raison.

De la beauté Beyle si épris sent surtout cette forme humaine qui, au dire de Pascal, se restreint et s'enferme dans la différence du sexe ; cette forme qui parle à l'imagination et éveille les sens ; qui à l'œil de l'amoureux change les objets et en exagère les avantages ; qui, suivant une des paroles de Stendhal, est une aptitude à donner du plaisir, ou, suivant une autre, est une promesse de bonheur, — lisez de bonheur physique. Théorie peu élevée assurément, mais qui a le mérite de préparer Schopenhauer. Je sais bien que l'âme moderne proteste en déclarant que l'amour, sentiment supérieur, est étranger à ses fins physiologiques ; mais je n'ignore point que Schopenhauer nie la vérité de l'idéal dans l'amour, ou plutôt en fait comme un piège de l'instinct utilitaire de la Nature.

De la pudeur Beyle pense que c'est une chose apprise et de pure convention,

Tout est nu sur la terre, hormis l'hypocrisie ;

une mode de femme distinguée, outrée par les femmes vulgaires, un mensonge social ; du mariage, que c'est une prostitution légale en bien des cas ; du divorce, que c'est une nécessité ; de la jalousie, que c'est le plus grand des maux ; des fêtes du grand monde, où les femmes étalent leurs poitrines découvertes, qu'elles rappellent involontairement les scènes de l'Arétin ; de l'amour enfin, que c'est une fièvre qui naît et s'éteint en dehors de la participation de la volonté.

Et Aristote a dû dire à ce sujet... de fort belles choses.
Pour moi, en face de ces nouvelles hérésies, je
m'explique de vives colères, surtout de la part de certaines femmes qui croient, en ces rencontres, apercevoir
pendue à la plume de l'écrivain la dragonne du sabre
incongru qu'avait traîné sur le pavé sonore le sous-
lieutenant. Pourtant, n'exagérons point ! S'il fallait à tout
prix reconnaître à Stendhal quelque minime influence
sur son siècle, il conviendrait de la chercher dans
l'exposé de pareilles théories. Quand il a émis ces
aphorismes : — une femme faible est celle à qui l'on
reproche une faute et qui se la reproche à elle-même ;
— une femme insensible est celle qui n'a pas encore vu
celui qu'elle doit aimer ; — une femme appartient de droit
à l'homme qui l'aime et qu'elle aime ; — quand il a ainsi
lutté contre la morale bourgeoise et les préjugés sociaux,
— ainsi appelle-t-on en littérature les règles de la société, — il a posé des idées qui ont servi de thème au
drame et au roman modernes. On pourrait écrire là-
dessus les plus beaux développements. Je ne les dis-
tillerai pas. L'énoncé du fait me suffit, et aussi cette
constatation supplémentaire que l'idée maîtresse qu'on
vient de remarquer dans le *Monsieur Bonnet*, de
Maurice de Faramond, est que l'amour, même infâme,
même infécond, engendre seul les grandes choses sur
notre pauvre planète et, seul, nous hausse jusqu'à la
splendeur surhumaine. Vraie beauté symbolique et
superbe dénouement tragique à la fois !

La division de l'amour ne manque pas d'intérêt :

l'amour physique, l'amour-goût, l'amour-passion, l'amour-vanité, sont des phases vécues par lesquelles, si l'on est sincère, on reconnaîtra avoir passé de loin en loin; et l'acuité du psychologue sera louée, lorsqu'elle s'exprimera en inscriptions lapidaires telles que celle-ci : une duchesse n'a jamais que trente ans pour un bourgeois, — ce que Pascal, en son *Discours sur les Passions de l'Amour*, avait bien vu aussi, lorsqu'il parlait de « la dame aimée sans égalité de condition. »

Ainsi divisé, cet amour passe par sept époques : l'adoration, le baiser et autres menues faveurs, *la petite oie*, l'espérance, l'amour accompli, la première cristallisation, le doute, la deuxième cristallisation. Tout cela tenu et aiguisé, fin comme Stendhal lui-même.

Et l'influence climatérique sur l'amour, n'est-ce pas trouvaille avisée ? Sanguin ici comme en France, bilieux là comme en Espagne, mélancolique comme en Allemagne, flegmatique comme en Hollande, et encore nerveux ou bien athlétique, à la mode de Milon de Crotone, de robuste mémoire. Je ne disconviens point que le sens de l'idéal manque un peu à toutes ces gentillesses, et que le sentiment ainsi envisagé voisine avec l'histoire naturelle. C'est la théorie de Montesquieu appliquée à l'amour, au lieu de l'être à la politique. Bizarrerie scientifique, paradoxe psychologique, abstraction métaphysique, si vous voulez, mais livre vécu ; trop anecdotique, brillanté, quintessencié, mais vécu encore et plein de « ces petits faits vrais » dont parle Stendhal, souvent courbé sur le réel, pour aboutir à cette conclusion que le Français est trop vaniteux, l'Anglais trop orgueilleux, l'Allemand trop songe-creux, l'Américain trop riche, et que, seul, l'Italien habite la patrie de cet amour dont on rencontre aussi le modèle sous la tente noirâtre de l'Arabe-Bédouin. Stendhal y était allé voir, et il a pu écrire : « *I have proved by an evident experience the truth of my principles about the art of rousing love in the heart of the woman*, — J'ai prouvé par une évidente expérience la vérité de mes principes sur l'art d'éveiller l'amour dans le cœur de la femme. » C'était le meilleur éloge de son livre et son *Exegi monumentum.*

Dans une période de courte durée, trois ouvrages sur le même sujet ont vu le jour, y compris celui de Stendhal ; je veux parler de *la Physiologie du Mariage* de Balzac, et de *l'Amour* de Michelet ; mais, de quelle supériorité n'est pas le premier ! L'œuvre de Stendhal connaît et traite la question posée ; Balzac raille autour du sujet ; Michelet l'étrique en le conjugalisant. Balzac prédestine à des accidents dont le pauvre Molière faisait mine de s'égayer les plus nombreux de nos contemporains ; Michelet ne veut pas songer à de pareilles mésaventures et propose un idéal traditionaliste, si l'on peut dire, aux conjoints pardevant M. le Maire. Balzac rabaisse l'amour à l'amour physique, Michelet le hausse à l'amour moral ; Balzac

voit la femme comme un être inférieur, Michelet
comme l'éternelle malade ; Balzac rabelaisie, Michelet
moralise. C'est bien cela, mais ce n'est pas tout, et à
deux fondus ils créeraient sans doute un monstre. La
fusion est d'autre sorte et telle que l'a réalisée Beyle,
qui a pris ses directeurs ailleurs que chez les panta-
gruélistes comme Balzac, et ailleurs que chez les roses
comme Michelet, procédant de Platon et inspirateur
de la préface de *l'Abbesse de Jouarre* de Renan. Il n'y
a pas cent manières de comprendre l'amour ; il n'y
en a qu'une pour être à la fois clair et complet. L'amour
est la passion suprême qui met en jeu tous les ressorts
de l'être humain.

> Eh ! Madame, après tout, je ne suis pas un ange,

comme dit l'Hassan de Musset après Tartuffe, véridique cette fois. L'amour, c'est le cœur ; l'amour, c'est
l'esprit ; l'amour, c'est le corps ; et, seul, est parfait
l'amour qui tient à dose égale en éveil toutes les facultés morales, intellectuelles et physiques. Peu nous
chaut que l'on fasse des divisions pédantesques et maladroites ! L'homme qui, différant du Rubeck de *Quand
nous nous réveillerons d'entre les morts* d'H. Ibsen,
ne cherche pas l'être qui s'ajoute à lui, qui le complète, qui ne fait qu'un avec lui dans tous les actes de
sa vie ; l'homme qui n'aime pas de toute son âme et de
tout son corps, qui n'arrache pas à l'amour le *summum*
des sentiments et des sensations, ne le connaît pas.
L'amour, c'est le microcosme idéal ; et celui qui, de

tous, a le plus approché de la peinture entière de ce microcosme, c'est Beyle, qui a trouvé là l'occasion de développer sa psychologie merveilleuse et de dépasser de toute la tête et Platon, et Balzac, et Michelet, et Renan.

§ III.

Avec ces qualités d'analyste, Stendhal devait faire
et fit de la critique. Son travail le plus connu, comme
critique littéraire, fut *Racine et Shakespeare*. En 1823-
1824, il donna sa première édition, comprenant seulement quarante pages ; en 1824-25, la seconde édition
en compte cent cinquante. Et ici, je me permettrai
une fois encore de ne pas trouver bien neuves les idées
de Stendhal, au moins dans la conception. Racine !
Shakespeare ! Ces deux noms sont dans l'air :

> Racine rencontrant Shakspeare sur *sa* table,
> S'endort près de Boileau, qui leur a pardonné :

et depuis les temps du romantisme, elle n'est pas finie
encore la turlutaine du classicisme des romantiques et
du romantisme des classiques. Les brochures de Beyle,
il le reconnaît, n'eurent qu'un succès d'estime, et il

ajoute : « On n'y comprit rien. » Était-ce la faute des lecteurs ou la sienne ? Je suis tenté de croire que ce fut plutôt celle du public. L'auteur voulait en finir avec la tragédie de Corneille et de Racine, usée jusqu'à la trame par Voltaire et par Campistron, et avec le classicisme de nos grands-pères. Il songea même à détruire, dans des articles du *Globe,* les unités que Boileau avait tirées d'un Aristote incompris, et qui avaient si fort ligotté nos tragiques, et il se vante de leur déroute comme « d'une chose de bon sens. » Le *romanticisme,* — ainsi écrit-il, — est, suivant lui, l'art de présenter aux peuples les œuvres littéraires qui, dans l'état actuel de leurs croyances et de leurs mœurs, sont susceptibles de leur donner le plus de plaisir possible. Aristote à bas, et, sur les ruines, Épicure uni à Platon. Assez de classique, assez de cette tragédie surannée, qui, dit-il en son *Journal,* « n'étant pas sa nature, le scie. » Entendez-vous d'ici le haro ! Il complète, en une *Note* retrouvée et sans date, l'idéal de la tragédie : « Une personne à laquelle nous nous intéressons autant qu'à nous-mêmes, éprouvant le plus grand des malheurs qui lui puissent arriver, et se l'attirant par les actions qui la rendent intéressante à nos yeux, est la perfection de la tragédie. »

Mais, dans ce renversement de l'ordre si longtemps établi, que deviennent les grands classiques ? C'est fort simple : de classiques il n'y en a point, ou si peu. Sophocle ? Euripide ? Corneille ? Racine ? Des romantiques de leur temps. Shakespeare, ce génie dramatique

que Beyle oppose, encore en son *Journal*, « à la tête
anti-dramatique de nos faiseurs de comédies, » est un
romantique de son époque. Le tout est de s'entendre,
en croyant au romantisme préexistant. Voyez-vous
d'ici le *tolle* ! Et puis Racine a fait la faute suprême
d'écrire en vers. La tirade est la bête noire de Stendhal,
et il appelle l'alexandrin « un cache-sottise. » Ah !
cette fois, vous êtes orfèvre, Monsieur Josse ! Beyle
n'entendait rien aux vers, qu'il pensait inventés seulement pour aider la mémoire, et, s'il s'est efforcé à
écrire un jour, en vers, un conte érotique inachevé, dont
le manuscrit est déposé à la Bibliothèque municipale
de Grenoble, et dont, par décence, je ne puis rien citer
ici, et quelques autres pièces sans valeur, il n'a jamais
eu le sens de la langue poétique ; il estropiait les vers
en les citant ; et il ignorait toute règle de la métrique
anglaise et italienne. Froidement, toujours comme
Montesquieu, il eût méprisé les lyriques et aurait
cité comme les quatre plus grands poètes : Platon,
Malebranche, Shaftesbury et Montaigne, parce qu'il
n'aime pas le nombre, et qu'il méprise le rythme, et
aussi parce qu'il préfère les hommes à idées.

L'argumentation de sa première brochure émut, parmi
tant d'autres, l'Académie française ; et l'un de ses
membres, Auger, le plat commentateur de Molière,
de la Harpe et de Campistron, qui, deux ans après,
devait être secrétaire perpétuel, prit la plume contre
ce révolutionnaire qui avait des allures d'insurgé.
D'où la parution de la deuxième brochure, qui débuta

par une *Préface* en laquelle la noble Compagnie était
assez mal traitée :

> Comme avec irrévérence
> Parle des dieux, ce maraud !

L'idée d'ensemble que nous dégagerons de ces deux
œuvres, celle qu'on a peu remarquée, aveuglés
qu'ont été les critiques par les originalités de détail que
je viens de noter, est celle-ci : Beyle expose, en
un style net, d'un raisonnement fort et très logique,
qui pourrait bien être un trait de génie, que la Révolution de 1789, aidée par la marche des événements
qui ont, jusqu'à 1815, secoué la France, devait fatalement rénover la littérature et la forcer à s'adapter, pour
ainsi dire, aux besoins nouveaux d'une societé nouvelle. Rien, en effet, ne nous paraît devoir rester sta-
tionnaire dans le domaine moral et, après Saint-Evre-
mond qui avait entrevu cette vérité, et dont Beyle a
d'ailleurs quelques traits, avant Brunetière qui a
porté dans l'ordre littéraire la méthode darwinienne,
Stendhal est évolutionniste. Une tragédie, autre que
le drame en prose, lui semble désormais un monstre
et les unités des entraves byzantines. Il voit donc le
théâtre de Dumas père, la chute des *Burgraves*, et
condamne par avance l'œuvre de son compatriote,
Francisque Ponsard, le dernier dramaturge classique.
Il fulmine, en outre, contre la Harpe qui a, paraît-il,
étouffé bien des hommes de génie, ce qui est douteux, et veut se *délaharpiser*, et nous avec lui,

ce qui est sage. En un mot, ce qu'il tentera en musique pour Rossini et Mozart contre Berton et Paër, il le tente en littérature contre Duvicquet et Auger.

Je crois avoir ainsi bien fixé le mérite de Stendhal ; mais, sans vouloir le diminuer, ma franchise impartiale me force, — *amicus Stendhal, sed magis amica veritas,* — à reconnaître que ces idées-là étaient dans l'air, que le romantisme naissait qui allait chercher à donner l'illusion de la vie, supprimer les conventions, développer la mise en scène, créer avec *Antony*, avec *Chatterton*, le drame en prose auquel Victor Hugo lui-même serait obligé de venir.

Nous trouvons dans Beyle critique des idées plus personnelles, et par suite plus discutables, en l'expression de ses amours et de ses haines littéraires. La plus prononcée de ces animadversions, et celle sur laquelle il est à maintes reprises revenu en divers ouvrages, c'est l'horreur que lui inspire la littérature allemande dans son ensemble. « Ils sont si bêtes ! » dit-il dans sa *Lettre à Balzac.* « Si on veut les lire, écrit-il dans *Racine et Shakespeare,* c'est l'ennui qui s'empare du lecteur. » Il ne peut souffrir cette nation philosophante où l'on est kantiste jusqu'aux pieds de sa maîtresse. Pourtant cette philosophie même fait à certains trouver grâce devant lui, tels Schlegel, dont il aime l'objectivité et qu'il suit dans plusieurs de ses études critiques, comme pour renforcer ses impressions ; et Schiller, qu'il baptise immortel et compare à Ronsard ; et Werner, auquel il trouve de l'esprit et du goût.

Mais Gœthe est un grand homme de contrebande, et *les Affinités* ne lui plaisent pas plus que *Werther* et *Ottilie*.

Suivons-le dans ses jugements parfois bizarres, toujours personnels et de bonne foi. Il méprise Bossuet et ce qu'il appelle ses phrases. Ne discutons point! Constatons que le style de Bossuet ne ressemble guère à celui de Stendhal, et que ce critique, impressionniste avant la lettre, devait être désagréablement affecté par la somptueuse période des *Oraisons Funèbres*. Son opinion s'éclaire de cette déclaration : « Quand je me mets à écrire, je ne songe plus à mon beau idéal. » — *hélas! parfois on s'en aperçoit trop!* — « je suis assiégé par des idées que j'ai besoin de noter. » Et, de plus, il y avait antipathie de nature entre cet original suraiguisé, coupant en quatre les cheveux et visant au fin du fin, et l'admirable lieu-communiste que fut Bossuet.

Walter Scott ne lui plaît pas davantage à cause de son excessive servilité. Cette sévère appréciation valut à Stendhal une curieuse *lettre* de Byron que publia le journal *Le Globe*, en son n° du 2 novembre 1824. Pour ce Byron, il a une admiration sans bornes ; il ne voit, en Chateaubriand, qu'un forcené vide et grandiloquent et « le roi des égoïstes; » et en Mme de Staël qu'un écrivain parfaitement surfait et malhonnête ; mais ici nous touchons à ses idées politiques sur lesquelles je vais revenir. Et tout cela est jeté sans ordre, au hasard de ses lectures et de ses réflexions. Et voilà

pourquoi je le laisse ainsi sans ordre et au hasard moi-
même, de peur d'avoir l'air de codifier, en quelque
manière que ce soit, les idées littéraires de Beyle, et de
donner de lui une idée dogmatique, aussi éloignée de
son mode que de ma pensée.

Il aime Corneille, dont il a vu et décrit, en ses *Mémoires d'un Touriste*, la maison natale, Corneille à la
noble et sublime simplicité ; — on entend bien que ce
sont ses termes mêmes cueillis çà et là ; — Regnard, à
la franche et saine gaieté ; Quinault, d'une charmante
délicatesse ; Marivaux, exquis en le genre qu'il
dénomme ; Voltaire, qu'il trouve brave et spirituel, et
dont il alla visiter l'habitation à Ferney, en un trans-
port de piété ; Montesquieu, qu'il a beaucoup pratiqué ;
Mirabeau, dont il apprécie très haut *l'esprit*, et
l'Arioste, et Pétrarque ; et aussi, par convention, me
semble-t-il, Dante Alighieri. En ces parties un peu
âpres, l'intelligence avertit chez Beyle le sentiment, et
ce n'est point là un trait que l'on doive laisser dans
l'ombre, non plus que son goût pour la décentralisation
littéraire. Le passage est suggestif : « L'Italie n'est pas
comme la France, elle a une vingtaine de capitales ;
en France, il n'y a que Paris. Les littérateurs de Lyon,
de Nantes, de Bordeaux, sont des êtres ridicules.
L'Italie est, au contraire, dans l'illustre position de
l'Allemagne. On se moque fort bien à Venise de ce qui
est applaudi à Milan..... Chaque ville d'Italie possède
successivement deux ou trois poètes, qui, au lieu d'être
ridicules, comme cela arrive à leurs pareils en France

et en Angleterre, sont regardés par les bourgeois, leurs
compatriotes, comme faisant partie des avantages qui
distinguent leur ville... » Cette théorie est très louable,
et, si discutable, peut du moins se soutenir... comme
toute autre ; car, le propre de la littérature est que chaque opinion est défendable, et que rien n'est vrai que
le beau. Ce qui me choque, — et voilà pourquoi j'y
insiste, — ce sont les attaques contre Molière, qui,
d'après Stendhal, avilit les personnages aux dépens
desquels il veut nous égayer. On sait bien que Beyle a
laissé un Molière [éd. de 1814, 6 vol. in-8°, chez Nicolle]
annoté de sa main. Il y blâme le coloris des *Amants
Magnifiques*, désapprouve *Don Juan*, trouve *le Misanthrope* inintelligible et souvent froid comme un poème
didactique, *les Femmes Savantes* fondées sur une proposition morale fausse et menées par des excès de
caractère et des invraisemblances, et ne fait grâce qu'à
Tartuffe. Je ne vais pas plus loin, parce qu'ici exposer
les idées de Stendhal c'est en démontrer l'inexactitude,
et cela me le gâte fort que de le voir fermé au comique
merveilleux de Molière. Il est, du reste, je dois le dire
par honnêteté, de l'avis de Th. Gautier qui, d'après
les Goncourt, proclamait que « Molière écrivait comme
un cochon. » Hâtons-nous de rayer ces notes et revenons à cette opinion de Sainte-Beuve, notre maître à
tous, à savoir que Stendhal n'est pas un critique pour
la foule, à laquelle il donnerait de singulières idées,
mais bien le critique pour artistes qui savent tenir
compte de ses erreurs et de ses exagérations. N'allons

pas surtout chercher en lui un corps de doctrine sage et ordonné : glanons simplement çà et là et, sur ce terrain encore, nous pourrons reconnaître sa pénétrante originalité, en concluant que de cent fragments de ses ouvrages, on pourrait tirer une sorte de *Manuel de littérature*, qui aurait cela à son avantage de ne point être banal.

Deux articles de *La Revue de Paris* doivent être mentionnés ici : Ce sont *lord Byron en Italie*, qui précise les relations de Byron et de Stendhal, dont nous avons parlé, et *la Comédie est impossible en 1836*, sorte de préface critique, à propos d'une réédition des *Lettres du Président de Brosses sur l'Italie*. Elle compte dix pages seulement, écrites très sympathiquement ; car, après Mozart et Cimarosa, « de Brosses est l'homme qu'il aime le mieux, dit-il, et presque autant que le Corrège. » Et par le fait il l'a apprécié assez pour le copier en maint passage.

Il est aussi un point de vue qu'il convient d'examiner à cette place, et sous lequel jamais n'a été étudié Beyle. Jugeons-le rapidement comme critique dramatique. En son *Journal*, nous avons rencontré de justes et nettes appréciations sur Mme Raucourt, qui a le ton d'une harengère ; sur Talma, qui joue admirablement dans *Andromaque*, et qui remue chaque fois qu'il consent à être naturel ; sur Mme Fleury, attendrissante dans *Rodogune* ; sur Mme Mars, actrice divine, l'idéal du beau ; sur Mlle Duchesnois, qui lui plaît avec des réserves telles que celle-ci : elle met beaucoup trop de gammes chromatiques dans les vers. ce qui eût été un excellent moyen de conquérir les suffrages de Cathos et de Madelon. En une *lettre au comte Cini*, je relève son opinion sur Rachel, dont le génie le confond d'étonnement toutes les fois qn'il la voit jouer. « Tudieu ! vous avez le goût bon ! » Enfin, dans des notes inédites heureusement tombées en ma possession (1), Beyle a exprimé encore son avis plus détaillé sur cette même Joséphine Duchesnois. Mlle Duchesnois, nous apprend Legouvé, dans *Soixante ans de Souvenirs*, avait été, sur les instances de Chaptal, alors ministre de l'intérieur, instruite par son père en l'art de Melpomène. L'illustre académicien avait condescendu à ce rôle de professeur de diction à la suite d'une entrevue « avec cette jeune fille, laide à faire peur, avec une bouche fendue jusqu'aux oreilles, maigre, noire de peau, » à cause de « sa voix, une voix admirable, sonore, pleine, riche, qui avait naturellement tant d'émotion, que l'artiste aurait pu se dispenser d'en avoir. » Quoiqu'il en soit de son génie natif ou acquis, je reproduis textuellement le début des *Notes* de Stendhal :

« Appréciation du talent de Mlle Duchesnoy.

Les rôles que Mlle D. a joués avec le plus de talent sont : Ariane, Phèdre, Roscane, Hermione, Aménaïde, elle a été médiocre dans tout le reste, elle débuta en l'an 10, elle termina ses débuts par Phèdre le 18 Bru-

---

1. Collection Chaper.

maire an 11. elle rentra le 30 Pluviôse même année, et depuis lors a continué à jouer.

Elle nous a créé une Ame pour la tragédie, ainsi nous ne pouvons pas être très assurés de nos jugements sur ses progrès. Il nous semble qu'elle a fait des progrès depuis le jour de ses débuts jusqu'en nivose an 12. Depuis lors nous l'avons à la vérité peu vue dans les grands rôles, mais il nous semble qu'il y a moins de chaleur. Quant aux rôles qu'elle a pris depuis Alzire (ventose an 12), elle les a mal joués.

Le centre du talent de Mlle Duchesnoy est l'expression de la jouissance que lui donnerait l'amour, du désespoir que lui donne la privation de l'espérance de cette jouissance et de sa vengeance contre celui qui l'en aurait privée. elle exprime aussi bien les peines et les tourments d'un amour méprisé.

[une passion malheureuse indiquée pendant longtems à l'objet qui l'inspirait sans qu'il s'en aperçut, déclarée enfin avec fureur et méprisée, explique tout ce talent.] Jusqu'ici elle n'a point exprimé la grandeur d'âme. Elle a manqué le trait d'Aménaïde : *qu'il était impossible*.

Dans Clytemnestre de Racine elle n'a bien exprimé que l'inquiétude pour sa fille, un peu de douleur et point du tout d'orgueuil. Sur quoi nous observons que quand même le poête ne donne que de la vanité à ses personnages (orgueuil pour les petites choses), l'acteur peut y mettre l'intonation de la grandeur (noble orgueuil mis sur les grandes, le jeune Horace tire vanité de ses grandes vertus comme Philoctète de Voltaire de ses avantages..... »

Après ce préambule, Stendhal suit Mlle Duchesnois dans tout le rôle de la Camille des *Horaces* et dans le premier acte de *Phèdre*. En Camille, il lui reproche le froid de son entrée, imitée de Mlle Georges, une déclamation trop lente, trop peu de joie à l'arrivée de Curiace, une attention trop distraite au cours du récit de son amant, un débit trop précipité dans son monologue du quatrième acte, une prononciation fréquemment vicieuse, trop peu d'étude et par suite une incomplète compréhension du rôle : en Phèdre, il vante son entrée, mais blâme sa façon d'écouter Œnone « dont les premiers vers doivent la faire cuire, » et lui donne pour tout le premier acte des conseils judicieux.

Enfin c'est encore de la critique théâtrale que les pages sur Don Juan en tête de sa nouvelle *les Cenci*, et elle est féconde en idées et documentée en sensations. Don Juan est un magnifique type, qui inspire un intérêt d'autant plus puissant qu'il est plus énigmatique, une sorte de Faust du midi, avec la grâce en plus et la science en moins, qui a perturbé toutes les âmes à travers les âges modernes par suite de ses avatars multiples et toujours mystérieux,

> Dont chacun a parlé et que nul ne comprend,
> Si vaste et si puissant qu'il n'est pas de poète
> Qui ne l'ait soulevé dans son cœur et sa tête
> Et, pour l'avoir tenté, ne soit resté plus grand.

Né en Espagne, sous Pierre le Cruel, suivant les

uns, sous Charles-Quint, selon les autres, il aurait existé réellement sous les formes charnelles de Don Juan de Tenorio et de Don Juan de Marana, dont les aventures, unies par la légende, firent de sa vie l'idéal du matérialisme et de la débauche. Cela n'était rien encore et, en passant par les différents pays, l'image se modifia en s'augmentant de mille rêves, et en arriva à ce degré merveilleux de profondeur et de hardiesse que nous nous représentons. Stendhal l'a étudié rapidement en Espagne, en Italie, en Angleterre et en France.

Pour Gabriel Tellez, connu sous le pseudonyme de Tirso de Molina, Don Juan est le prototype du viveur entreprenant, du sensuel raffiné, qui court d'un duel à un rendez-vous. C'est ainsi que le tient Zorilla, impie et débauché, objet d'horreur en cette catholique contrée où règnent simultanément le diable et l'amour, la peur de l'enfer et la passion exaltée.

En Italie, où Goldoni en fait un vulgaire misérable, et où Righini, dix ans avant Mozart, le prend pour protagoniste d'un opéra, la même religion est la base du caractère : car, ainsi que les Espagnols, les Italiens demandent pardon à Dieu avec passion d'avoir péché avec passion.

En Angleterre, Sadwel, sous le titre de *la Libertine*, mit Don Juan à la scène, et Byron le mua en Faublas, afin d'exprimer par cette bouche qualifiée ses stupéfiants paradoxes et son scepticisme effronté. En ses

Notes, Beyle ajoute que Byron est généralement exécré comme l'original de Lovelace, et un bien autre Lovelace que le fut celui de Richardson. Mais à ce Faublas dont parle Stendhal, Byron donna un mépris vital pour toute chose et de sombres conceptions, en sa confusion du bien et du mal et son hypertrophie de volonté.

En Allemagne, Gluck fit un ballet, et Grabbe, — que suivirent Braunthal, Wiesse, Hauch, Levau, — eut l'idée de le rapprocher de Faust par une comparaison de nature à peindre la lutte entre l'âme et les sens, entre l'idéalisme du savant et le matérialisme de l'homme du monde. Enfin Mozart « le rêva, » et Saint-Saëns admire en connaisseur la justesse et la finesse de l'expression, autant que la perfection de la forme de ce drame musical. Il est bien entendu que je ne dis rien du librettiste, Lorenzo da Ponte, resté fort au-dessous de cette harmonie profonde et passionnée, qui peint si bien la joie farouche et la raillerie du triomphe, et qu'Hoffmann a vu passer

> Sous un éclair divin de sa nuit fantastique.

C'est le Don Juan le plus près de la nature, d'après Beyle, et le moins français.

En France, effectivement, il se conformera à un certain modèle idéal de galanterie et d'esprit, dès le XVIIᵉ siècle. Dorimon, de Villiers se sont tenus à ce type, que Molière fit hypocrite par surcroît. Elégant, dépravé, un peu féroce, méprisant l'humanité, élevé par sa condition au-dessus des lois.

> Ivre, riche, joyeux, raillant l'homme de pierre,
> Bernant Monsieur Dimanche, ...

le Don Juan français du XVIIe siècle porte le chapeau empenné, la rhingrave, les rubans et les canons de Bussy-Rabutin ou de Lauzun, et garde leur dureté de cœur et leur cynisme spirituel. Ainsi le reprit Rosimon et, avec Baron, il fit prévoir les jolis hommes et méchants du XVIIIe siècle.

Telle est notre tradition, un libertin aux deux sens du mot, qui deviendra, comme M. de Camors, un faiseur d'expériences. Le monde sera pour lui une proie, mais un spectacle aussi ; il sera le dilettante du mal et son essayiste en même temps,

> Regardant sous ses pieds cette mer orageuse
> Et se disant tout bas : ma perle est là-dedans !

Sous cet aspect le peindront P. Mérimée et Al. Dumas père au temps de Stendhal. Admirable figure qui a eu encore à subir d'autres transformations en notre siècle même, telles le Centaure de du Mesnil dans *le Monde disparu*, à la fois brute et demi-dieu, sorte de force naturelle, fléau dévorateur, Attila de la passion, bête du Gévaudan de l'amour; ou bien le Don Juan de Roujon dans *Miremonde*, vieilli comme il sied, ayant survécu au feu céleste et à l'étreinte du commandeur, fou de la recherche de l'absolu dans le sentiment, chevaucheur de sa chimère, qui est la réalisation du définitif dans l'amour. Oui, admirable figure, toute chaude de passion, caractère tout moderne, venu, si nous en croyons Beyle, du sentiment religieux et du pouvoir royal, parce qu'ils ont établi des barrières solides qu'on ressent une volupté exquise à renverser.

§ IV

Parvenu au tournant de la trentaine, et tel que nous le concevons, Beyle devait aimer la solitude qu'il avait haïe, s'enfoncer dans l'isolement qu'il avait tant redouté, se livrer à ses pensers vagabonds qui le captivaient beaucoup davantage que les conversations politiques de ses contemporains et que les papotages

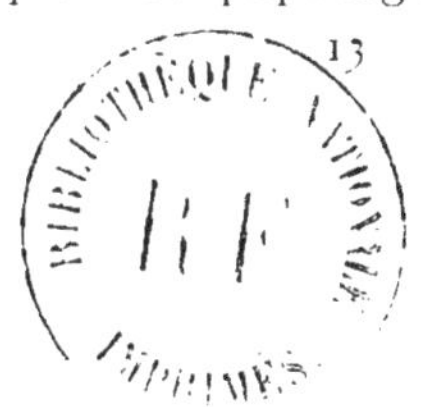

13

mondains de ses contemporaines. Sa nature, jadis tout
en dehors, avait subi un changement; elle s'était
repliée et, dans un nécessaire et graduel processus, il
mutait en joie l'ennui terrible qui l'avait accablé alors
qu'il se trouvait jusque-là face à face avec lui-même.
Misanthrope, non point ; dédaigneux peut-être un peu
des hommes.

Par suite de cet état d'âme, il se mit à réfléchir sur
la musique que toujours il avait aimée, consolatrice,
il l'a dit, de ses heures de veulerie intellectuelle, qui
« enchante, apaise et délie, » selon le vers de Sully-
Prudhomme, et à laquelle tout récemment Victor
Debay a consacré un volume non sans mérite, sous ce
titre suggestif : *l'Amie Suprême*. Amie, certes ; car par
elle on sent revivre les sentiments enfouis dans l'ombre du passé : on se remémore les joies enallées et les
tristesses enfuies, que nous rappelle la suggestion de
cet art qui forçait Musset à croire en Dieu. Et amie
d'autant plus chère que la physiologie a, paraît-il, fait
d'elle son compte et se charge par une mélodie de
Chopin d'illuminer les yeux des blondes, par les cui-
vres de Wagner d'accentuer l'expression des brunes,
par une audition de Verdi d'approfondir le regard de
toutes en suscitant la rêverie.

Et donc, à cette période de trente à quarante ans,
nous devons l'avatar qui changea Stendhal en critique
d'art. M. Darlincourt donna, en mai 1814, sous le nom
d'Alexandre-César Bombet, les *Lettres écrites de
Vienne, en Autriche, sur Haydn, suivies d'une vie de*

Mozart et de considérations sur Métastase et l'état présent de la Musique en Italie. Si ce titre n'a pas quelque chose de rare, il se recommande par sa longueur. Cet ouvrage, ainsi que l'indique Beyle, est imité d'une *Biographie* italienne, et il en enregistre avec orgueil la traduction en anglais. En 1817, il fut fait une seconde édition sous un titre nouveau qui en marquait mieux les quatre divisions : *Lettres sur Haydn ; Vie de Mozart ; Lettres sur Métastase ; Lettre sur l'État de la Musique en Italie*.

Les Lettres sur Haydn sont, en effet, une imitation très serrée de l'*Haydine* de Joseph Carpani ; mais Bombet y ajoute naturellement des idées originales sur la musique, s'appropriant l'œuvre étrangère et déguisant son plagiat par des changements, des additions et des transpositions.

La *Vie de Mozart* ne sort pas du cadre purement biographique et porte comme unique trace d'excentricité la *Dédicace* à la fin du volume. Cette fois, Beyle a montré qu'il aimait les choses rares, comme Trissotin, sans comparaison. Il nous donne sa *Vie de Mozart* comme une traduction de l'allemand Schlichtegroll, que certains critiques français ont regardé comme un mythe, mais qui a existé en personne naturelle, et fut fort estimé, presque prophète en son pays. Cette traduction de Schlichtegroll est du reste fort libre ; c'est plutôt une adaptation. Les chapitres de l'ouvrage primitif sont bouleversés ; de nombreuses anecdotes, tirées d'un autre auteur allemand, qu'avait traduit

Craner en 1801, sont interpolées ; et surtout Stendhal y marque, comme note personnelle, les dispositions les plus propices et l'état d'esprit le plus favorable au développement musical. Il y exprime de plus son amour pour Mozart, qui est pour lui le La Fontaine de la musique.

Métastase est bien au-dessous. Beyle n'apporte rien de bien neuf sur cet excellent Bonaventure Trapassi, qui « fit les plus grandes folies par amour. » Nous savons bien que, sous son pseudonyme, il conquit, grâce à la protection de la célèbre cantatrice Bulgarini, la faveur impériale, et obtint de Charles VI le titre de *poeta cesareo* avec une foule d'honneurs. Par sa tragédie lyrique, *Didone abbandonata*, Métastase fit faire un pas à l'opéra en accourcissant le récitatif et en donnant au dialogue plus de variété. Ce sont là innovations louables, mais non géniales.

Alors que Beyle jette un coup d'œil sur *l'Etat de la Musique en Italie*, il croit qu'il vaudrait mieux s'en tenir à des biographies des compositeurs avec analyses du talent de leurs grands interprètes, Lablache, Davide, Zuchelli. Toutefois il indique les deux grandes sources, *springs*, de l'art italien. Et ce sont « l'impossibilité de la conversation et le discrédit total des vertus militaires. » Je copie textuellement la phrase sans en prendre la responsabilité. Il est, en effet, des responsabilités effrayantes. Expliquons pourtant d'après lui-même : les généraux les plus fameux sont regardés comme des sauvages, et Pacini, musicien de deuxième ordre, passe bien avant eux. La mode aussi a son compte et déjà Rossini, le maître, est négligé ; Mercadante, Meyerbeer vont le faire oublier. Stendhal le déplore amèrement. Tout cela, — je lui en demande bien pardon, — ne signifie pas grand chose et ne jette pas sur la question un éclat bien lumineux. Je le préfère quand, pour s'en tenir à son programme, il donne enfin la *Vie de Rossini*, parue en 1823, d'après les *Notes* de M. Darlincourt, et en 1824, d'après la majorité des biographes de M. Beyle. Elle comprenait deux petits volumes qui se vendirent très bien. Stendhal l'avait composée dans une chambre de cet hôtel des Lillois dont j'ai parlé et qu'habitait la Pasta. En ce logis se réunissaient les amis de la cantatrice, et l'on retrouve l'écho des discussions de son salon en ce petit chef-d'œuvre de critique musicale. Les idées y fourmillent, dénotant chez l'auteur une rare intelligence de la musique, de ses éléments constitutifs, de ses moyens, de ses besoins, révélant une longue étude appuyée sur de réelles et précieuses qualités d'observation et d'analyse. Placée sous le patronage de Mlle de Lespinasse, dont Stendhal reproduit la *lettre* du 31 janvier 1735, adressée à de Guibert, cette biographie a tout le mérite possible en ce que Rossini, génie fécond, homme d'un esprit bizarre, avait beaucoup des traits caractéristiques de son biographe. Il n'est pas de meilleure aubaine pour un écrivain, et, comme dit Renan, « on ne doit écrire que de ce qu'on aime. » Le dernier chapitre de l'ouvrage est à tirer hors de pair en ce qu'il contient une

Apologie de ce que les amis de l'auteur appelaient ses exagérations, ses enthousiasmes, ses contradictions, ses disparates. Pauvre homme ! Etait-il donc si compliqué en ses névrosiades ? On a fini par le faire croire, et, le plus terrible, peut-être lui-même l'a-t-il cru.

Mais négligeons cette chicane pour constater seulement combien Beyle s'est élevé naturellement au-dessus des préjugés vulgaires. Les habitués de l'Opéra-Comique, ainsi que le constate P. Mérimée, luttaient avec rage contre l'auteur du *Barbier*, faisant de la chute ou du succès d'un Italien une question patriotique. Nous avons de nos yeux vu à Paris de ces luttes contre Wagner. C'eût été trahir son pays que de proclamer le génie de Rossini. La furie de Stendhal eut ceci d'excellent qu'elle travailla à acclimater la musique italienne et éclaira certains esprits de ce pays, où l'on écrivait lors de sa naissance une page qu'il nous a conservée dans sa *Correspondance* : « Ah ! Monsieur, au nom d'Apollon et de toutes les Muses, laissez, laissez à la musique ultramontaine les pompons, les colifichets et les extravagances qui la déshonorent depuis si longtemps ; gardez-vous de porter envie à de fausses et misérables richesses... Quoi ! vous trouverez bon qu'au moment même où l'on devrait porter au plus haut degré l'émotion à laquelle on avait préparé notre âme, l'auteur s'amuse à broder des voyelles et reste, comme par enchantement, la bouche ouverte, au milieu d'un mot, pour donner passage à une foule de sons inarticulés !... Je crois et je dis que la musique vocale italienne, s'étant confondue vers 1770 avec la musique instrumentale, la multitude des petits sons dont on a surchargé les syllabes a presque toujours détruit l'harmonie propre du vers, et qu'au lieu d'embellir et de fortifier la parole, le compositeur a fait dégénérer la parole en ramage... » Beyle appelle ce jugement de l'abbé Arnaud « une bêtise, » et son goût pour la musique italienne redouble des attaques qu'elle a pu subir. Ce goût était d'ailleurs celui du héros de Stendhal, Napoléon. Et la raison que j'en crois voir, c'est que de l'Italie nous est venu la tragédie lyrique avec l'*Orfeo ed Euridice* de Raniero de Casalbigi, qui orienta Gluck vers ce genre tout d'action, auquel a succédé le drame musical. *Azione*, c'est le sous-titre d'*Orphée* ; *handlung*, ce sera celui dont se servira Wagner, qu'a imité en cela Vincent d'Indy. « Action », « drame », cela devrait plaire à ces enragés d'action et de drame. Et l'on se désabusait peu à peu de Métastase, renonçant aux vains agréments dus à la musique seule et cherchant à la faire devenir expressive de la poésie, c'est-à-dire de la passion.

C'était là une tendance louable et, le dirai-je, nécessaire. Jusqu'au XVIe siècle, ainsi que le constatait récemment, dans une fine *Causerie artistique*, S. Rocheblave, la monodie n'existait pas, et le pouvoir expressif de la musique n'était pas même conçu. Le chant n'exprimait ni joie, ni douleur, ni pitié, ni tendresse, et la musique se résolvait en une difficulté

vaincue. Les émotions chantées devaient naître, et
l'art de Lulli, au xvii° siècle, fut un point de départ ;
mais la route se faisait lentement, et l'on sent bien
que Stendhal est pressé d'arriver au but.

De la musique. — 1814. — Beyle avait passé à la
peinture et, sous les initiales B. A. A., avait, en 1817,
donné deux volumes, *Histoire de la Peinture en
Italie*, dédiés « à S. M. Napoléon le Grand, » qui n'eurent aucun succès et lui coûtèrent quatre mille francs
chez l'éditeur Didot. C'était une œuvre qu'il jugeait
indispensable ; car il dit en sa *Correspondance* qu'il
ne connaît pas de livre français relatif à la peinture
et qui soit passable.

Dans son *Introduction*, Stendhal trace un intéressant tableau de l'Italie aux xv° et xvi° siècles et affirme
ses opinions libérales. Cet aristocrate d'habitudes
est démocrate d'instincts ; de là, une lutte perpétuelle
entre ses affections et ses goûts qui ne laisse pas d'être
curieuse, mais qui est plus fréquente en France qu'il
semble. Dans le corps de l'ouvrage sont intercalés
deux morceaux de tout premier ordre, la *Vie de
Michel-Ange* et la *Vie de Léonard de Vinci*. Le reste
est composé de chapitres trop multipliés et trop
courts pour la plupart, qui traitent du beau dans l'an-
tiquité et dans les temps modernes. Delacroix a dit :
« La grande, l'essentielle beauté, c'est la rencontre de
toutes les convenances. » Pour Beyle, l'eurythmie
n'est point suffisante, car la beauté est intellectuelle
et subjective ; elle n'a rien de fixe, rien d'absolu ;

l'artiste, sans communier avec le public, peut s'isoler dans son rêve. Ce fut l'opinion de Benvenuto Cellini et de tous les maîtres-ouvriers de la Renaissance. Cette conception avait répugné aux imaginations antiques et aux imaginations médiévales qui, les unes et les autres, avaient accepté une règle et une discipline, celle de la Cité et celle de la Religion. L'individualisme gagnait du terrain et, avec lui, l'impressionnisme en critique. La beauté d'une œuvre, — car ceci s'applique aussi bien à la littérature qu'à la peinture, à la sculpture, à l'architecture, — dépendait de ce que cette œuvre rendait d'impression, et du choc qu'elle donnait à la sensibilité. C'est là ce que Stendhal comprenait et disait, en dépit de son obscurité cherchant la profondeur, de sa sécheresse visant la concision, de son effort laborieux et vain vers les effets ; et sa sorte de logogriphe aboutissait au triomphe de l'individualisme artistique dans toutes les branches de l'art. Il conçoit, en effet, le beau par la sensation et, comme l'amour, le fait dépendre, toujours à la façon de Montesquieu, des tempéraments et des climats. Son évolution des genres est construite avec une précieuse sagacité, et il fait correspondre chaque trait ajouté, à travers le cours des siècles, par l'artiste digne de ce nom, à un progrès acquis du développement social.

Il est fâcheux que cet ouvrage ne soit pas terminé. Les uns l'ont regretté simplement, d'autres ont insinué que la fin était restée en manuscrit et qu'un chercheur arriverait qui l'éditerait un jour. Dans ses *Notes*,

Beyle a répondu aux uns et aux autres : « Il me faudrait deux ans pour finir l'H. par 4 volumes. D'autant plus qu'il faut inventer le beau-idéal des coloris et du clair-obscur, ce qui est presque aussi difficile que celui des statues. Comme cela tient de bien plus près aux cuisses de nos maîtresses, les plats bourgeois de Paris sont trop bégueules pour que je leur montre ce beau spectacle.... De plus, en faisant 4 nouveaux volumes, je ne gagnerai pas deux fois autant de réputation (si réputation il y a) que par les deux premiers. Le bon sera de voir dans 20 ans d'ici les Aimé-Martin continuer cette histoire. »

Si donc l'on veut un complément à cette œuvre, il convient de chercher les articles que Stendhal publia, en 1824, dans *le Journal de Paris*, sur le Salon du Louvre. Sous l'initiale A, il y faisait le procès de l'école de David qu'il n'aima jamais à cause de sa vanité et de sa petitesse, — ainsi parle-t-il, — et réduisait la science du dessin à une formule exacte. Cette définition valut à Beyle une verte réponse de Martainville, rédacteur en chef du *Drapeau blanc*. Mais, à côté de cette affirmation audacieuse et non contrôlée, qui a tiré l'œil et fait oublier un peu trop tout le reste, ne convient-il pas d'applaudir à l'éloge des *batailles* d'Horace Vernet, des *portraits* de Gros, du *Christ sur la Croix* de Prudhon, de *la Jeune fille* de Scheffer, du *Louis XIV* du baron Gérard, à la critique du *Marius* de Coignet, de la *Fondation du collège de France* de Lethiers? Ne convient-il pas de tenir compte des reproches adressés au

Massacre de Scio de Delacroix, dont il refait le tableau à la façon de Diderot salonnier, critique cordial et réchauffant, et de cette prophétie d'une école nouvelle qui aurait pour idéal unique l'éternelle beauté sans le moindre effet, comme il dit, sans recherches de la manière, sans fini trop léché, sans cette tendance vers une esthétique abstraite qui enlève au critique la base d'un terrain solide pour situer son jugement?

Ce jugement, nous avons une nouvelle preuve de sa solidité dans cette lettre inédite adressée le 24 janvier 1840 à Hébert, le célèbre auteur de la fameuse *Vierge de la Délivrance* qui orne l'église de la Tronche, et qui, à cette date, était pensionnaire de l'Académie française à

Le Peintre Hébert

Rome : « ... Un jour, Descartes se dit : Il faut jeter par la fenêtre toutes mes idées actuelles et ne les admettre de nouveau dans ma tête qu'après avoir vérifiées si elles sont vraies.

« Je vous conseille, Monsieur, de jeter par la fenêtre toutes les idées de Paris et d'aller voir les trois chambres de Raphaël et la Sixtine deux fois la semaine. Vous prendrez en horreur les grâces de la lithographie et les keepsakes anglais...

« Je pense que vers le mois d'août, après six mois, vous aurez jeté par la fenêtre les idées de Paris. L'unique talent de Paris, c'est de faire *le Charivari* et les *Comédies* de M. Scribe... » (1)

N'oublions pas non plus une *Vie d'André del Sarto* et une *Vie de Raphaël*, incomplète, menant le peintre de sa naissance à son arrivée à Rome en 1508, et dans laquelle est exprimée cette opinion hardie que la peinture à l'huile n'a qu'une fausseté qu'il faut reconnaître, parce que seules les fresques doivent faire juger un artiste et donnent la mesure de son style. Conception retardataire, nous a-t-il semblé ; car le progrès paraît exister de la mosaïque à la fresque et de la fresque à la peinture à l'huile, que les *rapins* estiment la plus difficile, et nous avec eux. Mais il faut ajouter que cette conception était bien stendhalienne, puisque Stendhal faisait un médiocre état des coloristes et, sans s'en cacher, méprisait profondément Rubens et son école. Par contre, il avait un faible évident pour le Corrège, et découvrait en lui et en Raphaël une foule de passions et cent millions de choses que la peinture n'exprime point.

---

(1) Collection Ducoin, de Lyon.

§ V

Quand Stendhal voyage, c'est presque exclusivement
encore de la critique d'art qu'il écrit. Il faut donc que,
dans le même ordre d'idées, nous examinions brièvement ici *Rome, Naples et Florence*, — *Promenades dans
Rome*, — *Mémoires d'un Touriste*. Ces trois ouvrages,
en effet, sont difficiles à cataloguer parce que, avec de
multiples théories d'art, ils contiennent beaucoup
d'autres idées et démontrent notamment le cosmopolitisme que Bourget, le premier à notre connaissance, a
signalé dans Stendhal. D'ailleurs, on est fondé à croire
qu'un des aspects du talent de Beyle s'étale dans son
tourisme, et l'on m'en voudrait peut-être si je noyais
absolument le voyageur dans le critique. Ce voyageur
donc, ce prince de Ligne de son époque, a laissé des
notes de ses déplacements, villégiatures, vagabondages
à travers l'Italie et la France, qu'il a parcourues en
dilettante. Ces notes sont écrites au courant de la

plume, selon le caprice de la vision, en sorte que, ici,
c'est un trait de mœurs, et là, une impression d'art.
Libre et familière conversation d'un *glob-trotter*, avec
le charme de la négligence, et en laquelle se coudoient
la vérité vue et l'imprévu naturel qu'il chercha toujours et souvent trouva.

Rome, Naples et Florence parut en 1817 et eut du
succès. *Promenades dans Rome*, deux gros volumes
publiés en 1829, reprirent la matière. Stendhal est là
chez lui, épris qu'il est incessamment des Italiens dont
la seule préoccupation est l'amour. Il a, dans la limite
des idées sensibles, une observation et une sagacité
heureuses, et, mieux que lui, personne ne dépeignit ce
goût inné de l'art, cette grâce preste d'une société qu'il
étudia sur place, et surtout à Milan dans la loge à
jamais célèbre de M. de Brême, seigneur piémontais,
fort riche et fort noble, ancien ministre de l'intérieur à
Milan pendant que Napoléon était roi d'Italie. Il y
rencontra, de 1816 à 1820, Monti, Visconti, Borsieri,
et surtout Byron, qui venait de donner *Lara*. Beyle a
esquissé cette loge d'un crayon vif et léger, avec une
passion, avec une finesse de détails que ne présentent
point les œuvres similaires, parce qu'elles ne sont pas,
comme la sienne, la causerie libre et piquante d'un
cicerone spirituel. L'on trouve, en outre, dans cette
esquisse, l'application des idées sur l'art qui sont rédui-
tes en système dans l'*Histoire de la Peinture*, et dont
l'exposition est vive et pleine de goût. Et l'on y rencontre encore des opinions personnelles, telles que

l'affection pieuse pour le condamné Lafargue, que Em.
Faguet a présenté au lecteur dans une page charmante
d'ironie cruelle pour Stendhal. Il oublie celle que
Beyle marque ailleurs pour le brigand Mandrin, et c'est
fort dommage. Nous y perdons quelques lignes tout à
fait supérieures.

Les Mémoires d'un Touriste ont les mêmes qualités.
Ils décrivent un voyage à travers les provinces de
l'Est, de l'Ouest et du Midi de la France, avec incur-
sions en Suisse, en Espagne et en Italie. Le livre parut
en 1838, et ces deux volumes in-8" n'eurent qu'un
médiocre succès. Si le journal *le Temps*, n" du 9 août,
en fit un éloge d'ailleurs modéré, par contre *les Débats*
du 27 juillet et *la Presse* du 10 juillet, sous la signature de Francis Wey, se livrèrent à de rudes critiques.
Pourtant, — et Beyle n'en est pas médiocrement fier,
— on traduisit l'ouvrage en allemand.

Stendhal, déguisé cette fois en commis-voyageur,
regarde de son œil curieux et tenace, et retient en sa
mémoire de naturaliste. Ici nous retrouvons l'observateur que nous avons dit. Et des phrases lapidaires contenant des idées heureuses ! « Le journal excellent, nécessaire pour les intérêts politiques, empoisonne par le
charlatanisme la littérature et les beaux-arts. » Et des
récits excellents en trois lignes, tels la discussion sur
le prix du fer entre un voyageur dauphinois et un con-
tremaître normand ! Et de pittoresques descriptions et
des paysages adroitement croqués ! Car Beyle ne sent
pas les beautés de la nature comme Chateaubriand, ni

comme Lamartine, ni comme Byron. Ne cherchez en
ses pages ni la campagne romaine du premier, ni le lac
du second, ni la Suisse du troisième. Ne poursuivez
pas davantage cette sensation violemment tragique
qu'A. de Vigny donne dans sa *Maison du Berger*.
Toutes ces œuvres qui, quoique contemporaines, sont
entre elles si dissemblables, sont encore bien plus
différentes des peintures stendhaliennes. Beyle aime
la nature, comme il aime la femme, comme il aime
l'art, en épicurien. Il ne s'alanguit pas, il ne se pâme
pas, il ne s'exclame pas; il fait du spectacle un cadre,
et à tout paysage tient à ajouter un intérêt moral ou
artistique. Et c'est ainsi que le chapitre des *Mémoires
d'un Touriste* tout à fait hors ligne, c'est celui de la
rencontre de Napoléon avec les troupes royales sur les
bords du lac de la Frey, lors du retour de l'île d'Elbe,
au 5 mars 1815, qu'il alla écrire sur les lieux mêmes,
dans le pré où il eut voulu voir élever une grande
pierre verticale de huit ou dix pieds; et c'est ainsi que
les pages consacrées à Grenoble, à Claix, au Sappey,
à la Chartreuse ne sont pas loin d'être des chefs-
d'œuvre d'exactitude et de vision; et c'est encore
ainsi que sont si remarquables les regrets sur l'esprit
perdu de Marot, de Montaigne, de Rabelais, frondeur,
gaulois et libertin, qui tend à s'effacer par la faute d'un
gouvernement égalitaire et centralisateur; et c'est
encore ainsi que sont si parfaitement intéressants,
quoique discutables, les jugements qui nous ramènent
au critique d'art, sur l'architecture gothique. Beyle la

trouve religieuse, et laide, et triste. » Il faut, dit-il, être
bronzé pour étudier cette architecture ecclésiastique. »
Mérimée bondit, Mérimée fait les plus expresses
réserves. Reconnaissons pourtant que Stendhal n'a ni
mal saisi, ni mal exposé les caractères distinctifs de
cet art, et que c'était son droit de préférer l'élégance
coquette de l'architecture italienne de la Renaissance,
et l'architecture romane qu'il a admirée dans le Midi,
— notre Midi qu'il vante, Marseille à part, — surtout
si j'ajoute qu'il avoue ne pas posséder le vrai goût chré-
tien. Que dit-il, en effet, du gothique ? Il veut surpren-
dre, et fait tout au monde pour paraître hardi ; il sou-
tient avec de frêles colonnes des voûtes très élevées ; il
emploie l'ogive : il consolide à l'extérieur son édifice
de hideux arcs-boutants ; et c'est de l'art fort laid que
nous trouvons très beau par habitude et par mode. Il
ajoute d'ailleurs qu'il a aimé Saint-Ouen de Rouen,
cette Athènes du genre gothique ; et la cathédrale de
Reims, qui sert de transition entre le roman et le
gothique ; et l'église de Dol, qui ressemble à la cathédrale de Salisbury. Par ci par là, des jugements
équitables sur *l'Adoration des Mages*, le *Saint-Domi-
nique et Saint François* de Rubens, sur *l'Adoration
des Mages* de Paul Véronèse, sur *la Circoncision* de
le Guerchin, sur des *Saints* du Pérugin, sur *le Sacri-
fice d'Abraham* d'André del Sarto, sur des Jouvenet,
des Stella, des Jordan, un Mignard, un Carrache, etc. ;
une opinion sévère sur *le Louis XIII* d'Ingres, « qui a
un geste de portefaix, » sur *le Henri IV* du Pont-Neuf,

15

« conscrit qui craint de tomber de cheval, » sur *le
Louis XIV* de la place des Victoires, « un Franconi
faisant faire des tours à son cheval. »

Concluons sur cette question : Qu'a donné à la
littérature *le tourisme* de Stendhal ? En ce fouillis,
où j'ai relevé de jolies choses. se mêlent et se confon-
dent la critique d'art. l'histoire, les lettres, les anecdotes, les nouvelles des tribunaux, les descriptions
ethnographiques. orographiques, les réflexions, les
sentences, et rien n'est plus fatigant. je le confesse.
que ces deux épais volumes. sorte d'encyclopédie
compacte. où il convient de repêcher ce qu'ils ont de
réellement intéressant.

§ VI.

Il reste un côté du talent de Beyle qui, avec un
homme de sa nature si fine et si primesautière, n'a
point une grande importance, mais que je crois ne pas
devoir passer absolument sous silence. Je veux donc
m'informer, en quelques lignes, de sa couleur politique,
— à supposer qu'il en ait une, lui qui déclare, en sa
Correspondance, « la politique boueuse, » — et
aussi de ses théories sociales, qu'il a daigné indiquer. Je me hâte d'avouer que cela n'a pas un intérêt
très présent ; mais le trait manquerait peut-être à
l'ensemble de la physionomie.

J'ai déjà dit que cet aristocrate de goûts était un
démocrate d'instincts et un libéral de doctrine ; de là,
cette sorte de sentiment quasi-religieux qui se trahit,
dans le fragment qu'il nous a laissé de sa *Vie de
Napoléon*, pour ce chef d'État qu'il appelle avec conviction « l'homme le plus grand qui ait paru dans

le monde depuis César, le plus étonnant qui ait paru
depuis Alexandre, » et qui constitue pour lui un
objet de culte. En Napoléon, en effet, se rencontrait
la satisfaction de l'aristocratie militaire, essayant à
calquer l'aristocratie de la naissance, mais tenant
cette supériorité de n'avoir pas besoin d'aïeux, et qui
plaisait ainsi à la démocratie. Cela peut paraître
étrange aujourd'hui ; mais il faut bien le reconnaître :
durant quinze années environ, la gloire impériale fut
l'auxiliaire et l'alliée du libéralisme, et cette chose
bizarre sans doute, mais historique, fut la source de
toutes les chansons politiques de Béranger et l'origine
de son succès excessif. Quoiqu'il en soit, et il en
est ainsi, Beyle voulut élever un monument à son
grand homme, dans le style de Montaigne ou du président de Brosses, en racontant toute sa vie. « L'ouvrier, dit Colomb, a manqué l'œuvre, » et elle s'est
arrêtée au siège de Saint-Jean d'Acre. Terminé, cet
ouvrage aurait été une pieuse tentative dans le but de
détruire « les faussetés écrites » sur Napoléon, avec des
opinions qui s'écartent du *Credo* ordinaire ; en sa
forme, ç'a été seulement la narration de la campagne
d'Italie de 1796-97. Mais nous en connaissons le plan,
et il était grandiose. Dans sa *Préface*, Stendhal
annonce qu'il touchera aux droits de la naissance, au
droit divin des rois, et qu'il renonce au suffrage de ce
qu'on est convenu d'appeler la bonne compagnie.
Voyons ce qui nous reste : ce sont seulement les quelques mois où Bonaparte, d'abord général de brigade,

va en mission à Gênes, puis prend le commandement
en chef de l'armée d'Italie, et accomplit des prodiges
épiques en inscrivant sur les pages de l'histoire les
noms immortels de Lodi, de Castiglione, de Roveredo
et d'Arcole : temps héroïques que Beyle héroïse
encore, si fier d'avoir suivi Napoléon à Berlin, à
Moscou, en Silésie et, comme Mme de Sévigné de la
part de Louis XIV, d'avoir été honoré, en 1813, d'une
longue conversation. Mais le libéralisme reprend le
dessus, ou plutôt se fond avec l'admiration ; et
Beyle assimile Bonaparte à Danton, à Sieyès, à Mirabeau, ces véritables fondateurs de la France actuelle.
Et lorsque, l'Empire mort dans une fanfare de gloire,
vint la Restauration, c'est-à-dire le retour en arrière
de la démocratie vaincue avec Napoléon, elle auréola
par le contraste le glorieux vaincu de Waterloo et des
plaines de France. Aussi quelle sainte colère contre
Mme de Staël, et comme Stendhal s'exprime vivement,
dans une *lettre* à Colomb, sur l'infâme lâcheté qui a
poussé l'écrivain à s'en prendre à Napoléon vaincu et
captif d'Hudson Lowe, geôlier des rois de l'Europe !
Comme il proteste qu'elle ne peut pas être de bonne
foi, et comme il la compare à cette noble Mme Bertrand,
fidèle à la cause du malheur, à l'instar de Caton
d'Utique ! Corinne se connaît peu à la politique et ne
fait que répéter, en perroquet disert, ce qu'elle a entendu dire à ses nombreux amis.

La Restauration était abhorrée de Stendhal : elle représentait le triomphe des deux partis qu'avant tout il

haïssait, par nature et par conviction, à savoir les bourgeois et les jésuites, que, par un de ses enfantillages coutumiers, Beyle appelait les *téjés*, et qu'il voyait partout sous la forme définitive de Rodin. Le roi est incapable de lier ensemble deux idées, — nouveau grief pour l'intellectuel dont nous nous occupons ; — c'est un vieux libertin usé par une jeunesse orageuse, non exempte de lâchetés et de friponneries. Au duc d'Orléans il reconnaissait de la finesse, mais elle confinait à la ruse : il déplorait le manque d'éducation et l'incroyable ignorance du dauphin, — *Éducation de Prince !* ... — Il protestait contre les sicaires royalistes du Midi, et maudissait un gouvernement qui s'appuyait sur des Trestaillons ; il estimait que la pire servitude est celle qui agit sur un peuple en corrompant ses mœurs. Il craignait pour les gouvernants les feuilles qui les encensent, remarquant avec malice que les thuriféraires sont bien près d'exciter les siffleurs, et que l'on a tendance à croire le contraire de ce que le journal reptilien veut persuader. Ah ! malheureuse France, malheureux roi ! Ce régime ne lui disait rien qui vaille ; du rouge on avait chuté dans le noir. Cette chute, qui lui paraissait monstrueuse, elle était pourtant normale. Depuis la grande Révolution, nous assistons à ce jeu de bascule, et notre instabilité sociale réside en ces deux mouvements d'action et de réaction. La crainte religieuse, le respect du droit des rois reprenait le dessus après des heures de révolte libertaire et d'enthousiasme du droit des hommes : et cette balance, qui penche tantôt ici. tantôt là, est l'image qui emplit peut-être toute l'histoire de notre XIXe siècle. Que voulait donc Stendhal ? Il ne le sait pas assez clairement lui-même : deux chambres et la liberté de la presse ? En théorie, certes, mais dans la piatique cela va être gênant pour lui : car le gouvernement sera alors populaire, et nous en aurons fini avec la république athénienne pour tomber dans la république américaine. Il ne se dissimule point d'ailleurs les difficultés d'application. Dans une *Note*, adressée à son ami Louis Crozet, ingénieur des ponts et chaussées. qui résidait alors chez Payan à Mens (Isère), et qu'il n'a pas datée. il reconnaît que les ministres mettent tout l'acharnement de la vanité piquée contre la liberté de la presse ; que les procès tourneront toujours contre les journalistes indépendants : et que « les juges sont hommes et, comme tels. fort curieux d'orner leur petit habit noir d'une croix rouge. »

Aussi, ce qui devait arriver. d'après ses prévisions, arriva. On ne recherchait plus. à l'en croire, que l'argent. suivant la formule qui allait devenir célèbre : Enrichissez-vous ! et aussi les honneurs. pour masquer la disparition de l'honneur et du mérite. On visait à l'utilitarisme et l'art devenait industriel. — ce que l'on a nommé le veau bicéphale. Aussi. en 1825, en présence de cette situation. Beyle lança son article paru dans le *Globe*, journal qui accueillait tous les penseurs. Il en fit une brochure in-8° de 24 pages. portant pour titre *d'un Nouveau complot contre les Industriels*, et qu'avait approuvée au préalable P.-L. Courier. L'effet en fut grand. Ce pamphlet s'attaquait à l'industrialisme et à ses représentants, banquiers, coulissiers, charlatans. La noblesse avait sombré dans les spéculations, et les châteaux s'étaient mués en usine.

Tout le monde fut tôt ligué contre Stendhal : la finance et les gens du monde affectèrent le plus souverain mépris pour les épigrammes acérées du folliculaire : l'école utilitaire traita cet empêcheur d'émissions en rond de sectaire de l'école du sentiment et, tout en se décernant à elle-même, comme il convenait, la palme, frappa d'ostracisme cet amant de la beauté inutile : les libéraux eux-mêmes, gens timorés, trouvèrent cette agression inopportune. Bref, l'ouvrage n'eut aucun succès, bien au contraire. Cela ne changea rien à l'état d'âme de Beyle. Il appartenait à cette génération qui avait bégayé sous la Terreur et avait aspiré de toutes ses forces au rétablissement de l'ordre et à cet effort de reconstitution sociale qui devait amener l'Empire. Nous l'avons vu partir, avec toute la furie de son âge et l'élan de son caractère, pour les guerres fameuses que devait clore la désastreuse retraite de Russie, à laquelle il avait pris part, puis s'associer au mouvement de ces héros manqués, condamnés à user leurs forces entre les regrets vains et une stérile impuissance. N'est-ce point ce caractère qu'a voulu donner Edm. Rostand à son duc de Reichstadt dans *l'Aiglon*, quand

il a fait de lui une sorte de byronien mélancolique et
grave, s'acharnant sur des compilations militaires, ivre
de la continuation impossible de la gloire napoléo-
nienne, mais trop artiste déjà pour agir quand sonne
l'heure de l'action et, lui aussi, ballotté de l'impuissance aux regrets, alors que

> Il passait dans les airs des frissons d'épopées?

Or, un de ces regrets est de voir les industriels gagner
cent mille écus chacun, sous le prétexte, aussi honorable
que faux, d'augmenter la force de la France, mais en
réalité faisant le bien public en suite de leur bien
particulier; de les voir gager des journaux pour chanter leur gloire sous forme de réclames; de les voir
nommer, comme il fut fait dans *le Producteur*,
Alexandre le Grand « le premier des industriels. » Une
de ces impuissances est d'assister au spectacle des
manieurs d'argent, trafiquant impunément de leurs
écus, alors que, « sous Bonaparte, un Rotschild eût été
impossible. » Haine féroce de la pensée contre la
sottise, revanche du littérateur contre l'enrichi qui se
permet de juger des capacités d'après l'argent gagné !

> Vous, mon Dieu! mêlez-vous de *vendre*, je vous prie.

et ne venez pas juger la mort de Santa Rosa à Navarin
ou celle de lord Byron en Grèce ! Ce terrain vous est
interdit.

Singulière économie politique, certes ; mais il faut
bien reconnaître que, dépouillées de leur vibrante
exagération et de leur inintelligence des besoins nou-

veaux, les idées de Stendhal avaient, par un certain côté, quelque chose de vrai et même de prophétique. Que disait autre chose, quelques années après, H. de Balzac, lorsqu'il écrivait dans *La Maîtresse* : « Si jamais cette vérité que l'architecture fut l'expression des mœurs fut démontrée, n'est-ce pas dans l'insurrection de 1830, sous le règne de la Maison d'Orléans ? Toutes les fortunes se rétrécissant en France, les majestueux hôtels de nos pères sont incessamment démolis et remplacés par des espèces de phalanstères, où le pair de France de Juillet habite un troisième étage, au-dessus d'un empirique enrichi... » Et depuis, qu'est-ce donc qu'a changé la bourgeoisie victorieuse au régime royal ? L'empirique a continué à s'enrichir et le pair de France à monter d'étage. La fièvre du commerce, de l'industrie, la hausse des salaires, l'achat de coûteux outillages absorbent une infinie circulation de fonds ; les nécessités militaires vident les caisses publiques ; les grèves, les réserves privées ; et l'on se plaint du mal qu'avait, sentimentalement peut-être, dénoncé Beyle, à ce point que les intérêts dictent d'autres enthousiasmes de sentiment. Et tout est bien resté de même. Avons-nous donc moins d'intrigues, de népotisme, de parentage ? Y a-t-il moins de journaux vendus ; moins de ces mariages d'argent, que Beyle a poursuivis en cent lieux de ses brocards légers ou de ses sérieuses attaques ; moins de ces ménages désemparés, où les rapports des sexes sont fort maussades, comme il dit, et dans lesquels la

désunion lente, la désagrégation foncière apportent la
ruine de cet amour qu'il a tant vanté? N'assistons-
nous pas au triomphe quotidien d'une féodalité in-
dustrielle, qui a substitué la cheminée de l'usine ou le
coffre-fort de la banque au donjon crénelé, dont les
derniers possesseurs vont redorer sans vergogne leur
blason dans les fabriques de viandes conservées de
l'Amérique? Et la prescience de Beyle n'est-elle pas à
remarquer? D'ailleurs, je ne suis pas compétent en
idéologie politique ; mais je crois, du reste en pro-
fane, que *l'a priori* idéologique d'un état national, au-
dessus des faits et des régimes politiques, est démenti
par la série de gouvernements qui se sont successivement annoncés comme l'émanation des désirs et des
sentiments de la France. Différents par leurs origines,
contraires par leurs principes, opposés par leurs actes,
ils font chanceler la certitude légale en certains esprits
inattentifs ou prévenus, qui ne voient pas qu'à des
temps et à des besoins nouveaux conviennent des
moyens et des hommes nouveaux. Stendhal en était,
lui, au Robespierre à cheval, comme on a dit, au
Napoléon promenant à travers l'Europe terrorisée nos
soldats victorieux, au Napoléon de Béranger que j'ai
rappelé, et à celui bien connu de Victor Hugo qui

> . .. Donnait pour astre à nos armées
> L'étoile de ses éperons,

et représentait la route ouverte vers cette liberté que
Lamartine proclamait de sa voix sonore. Où Beyle s'est
surtout trompé, c'est en estimant que les intérêts de

l'argent et ceux de la morale étaient, par nature, en désaccord. Tout prouve le contraire. La morale est en raison directe des gains de l'industrialisme, du développement de l'agriculture, de l'augmentation de la production, du travail de la vie sociale. Mais l'erreur était courante, si l'on peut dire, il y a cinquante ans, et il n'en faut point faire un crime à Stendhal.

PROJET DE STATUE

§ VII.

« Comme mon maître Stendhal, je veux chaque jour
écrire ici l'histoire de ma vie... Aurai-je le courage
d'exécuter ce projet téméraire ?... Chi lo sà ?... Je
l'espère, car ce sera profondément intéressant... surtout pour moi » Ainsi débute dans *Ohé! les Psycho-
logues!* de Gyp, *le Journal d'un jeune Analyste.*

Écrire ainsi ses impressions jour par jour, *nulla
dies sine linea*, est-ce sage? Est-ce fou ? Sage, parce
que cet examen laïque de conscience est chose précieuse. Fou, parce que l'on aboutit, en se relisant, à
cet « à quoi bon? » qui paralyse les analystes jeunes
et vieux. Ce qui peut faire entreprendre et poursuivre
cette tâche, c'est que l'on y trouve du charme et que
« l'on se complaît, comme dit Eugénie de Guérin en son
Journal, à revoir dans sa solitude le sentier de sa vie.»
Qui n'a écrit peu ou prou ses impressions et, l'ayant
fait, qui ne peut dire, comme le héros de *la Confession
d'un Enfant du Siège* de Michel Corday? « Dans dix
ans, certaines de ces pages me feront sourire ; j'en re-
gretterai d'autres, mais alors je pensais ainsi. » Faites
l'expérience, et je vous affirme que vous ne vous en
repentirez point. Si je voulais prendre ici l'allure de
l'érudition à bon compte, je noterais que Budé fut un
des ancêtres de cette littérature décousue par ses *Choses mises en bloc sans ordre*, que l'on a publiées il y a
quelques mois, et qui n'ont rien de livresque : que
Montaigne n'a guère fait autre chose en ses *Essais* ;
que Barbey d'Aurevilly coucha sur le papier ses impressions journalières ; et qu'A. Daudet prenait, pour
lui seul, sur des *Carnets*, sans le moindre souci littéraire, des notations rapides. Rappellerai-je encore le
Journal des Goncourt, si rempli de piquantes anecdotes, de souvenirs inscrits au jour la journée, d'observations fouillées, d'appréciations documentées ?
Tout cela ne ressemble en rien aux *Mémoires*, ni

aux *Confessions*, ni aux *Histoires de ma Vie*, gros
livres indigestes où l'auteur se drape et s'accommode
pour la galerie des arrière-neveux. De ces gros livres,
point n'en écrivit Beyle ; de ces notes, il en laissa
beaucoup. Le *Journal*, commencé en 1813, la *Vie de
Henri Brulard*, composée à Civita-Vecchia, la *Correspondance* nous aideront à achever de mettre en
pleine lumière cette figure d'écrivain de race, que beaucoup aiment avec une idolâtrie excessive, que beaucoup détestent avec une haine irraisonnée.

J'ai fait à ces trois ouvrages de nombreux emprunts
que je me suis, si j'ose dire, assimilés jusqu'ici. Ils ont
un sans-façon qui plaît d'abord et attire, mais il faut
bien avouer qu'il y a de l'apprêté dans leur imprévu,
du convenu dans leur libre manière, du prémédité
dans leur primesaut. Il y a de l'esprit, mais d'un genre
un peu spécial. Il est plus facile de dire ce que n'est
pas Beyle en ces œuvres que de dire ce qu'il est. Les
Lettres et *Journaux* n'ont point la grâce aisée de Voltaire, le tour piquant de Montesquieu, la verve sa-
vante de Courier. Stendhal rit, mais à sa mode. Sa gaîté
n'est pas franche ni communicative ; il montre trop les
dents en riant seulement du bout des lèvres ; il est le
Béranger égratigneur de cette chanson qui demande
l'entrain bonhomme d'un Désaugiers. Et cela, Beyle
le sentait. Quand il a voulu se peindre lui-même, sous
le nom de Roizard, il reconnaît que « ses saillies étaient
imprévues, mais que l'imprévu de ces saillies effrayait. » Je n'insisterai pas davantage, et je vais déga-

ger seulement, en quelques mots, ce qui se détache de réellement personnel, ce qu'il a appelé lui-même « *le jus* de la connaissance de l'homme. »

H. Beyle était simple. Je sais bien que l'on va crier au paradoxe. Voyons cependant ! Son bonheur, qui est son but et sa fin, est peu raffiné. Il se rappelle avec émotion un dimanche à Claix où, seul et sans gêne, il dîna avec d'excellents épinards au jus et du bon pain ; un feu d'artifice à Frascati avec une femme aimée pendue à son bras ; un jour de soleil, après pluie, où il ouvrit un cahier neuf qu'il allait couvrir de ses pensées. Trouvez-vous cela très complexe ? S'il rêve, il songe à Chapelle, — le Chapelle du XVIIe siècle, le bon ivrogne, — aux vers faciles, à la vie aisée et sans contrainte, qui voyageait avec son ami Bachaumont ; s'il s'ennuie, s'il est *amareggiato*, il va se coucher pour éviter les sots et s'assurer que la journée de veulerie qu'il vient de subir est réellement terminée ; s'il désire, c'est le beau jardin de Buffon, fort et majestueux, où l'on travaillerait si bien et où l'on penserait si sainement ; s'il se plaint, c'est parce que sa névrose le plonge dans une inactivité apathique ; s'il pleure, c'est d'être fier et méconnu. Quant à l'orgueil qu'on lui prête libéralement et que d'aucuns s'efforcent à prouver par des citations, je ne puis le concéder en ma simplesse. Dans son *Journal*, dit J. Lemaître, on rencontre des traces d'orgueil : Beyle constate qu'il était bien habillé, beau, brillant, spirituel, qu'il déclamait bien, qu'il faisait des réflexions profondes, etc..... Cela est vrai ; mais, dans ces notes prises au jour le jour, qu'il n'avait pas l'intention de publier, dans cette sorte d'examen de conscience quotidien, ces phrases sont pardonnables ; et ne le seraient-elles point, combien de traits pourrait-on relever où Beyle se montre tel qu'il se voit et s'apprécie sévèrement ? Les citations ne nous convainquent point en l'espèce, et l'on pourrait taxer d'orgueil, à ce compte, tout être qui, tenant une plume, est amené à parler de lui. D'ailleurs J. Lemaître avoue « n'avoir jamais parfaitement compris cet homme singulier et avoir beaucoup de peine à se le définir. » Admettons donc dans les 480 pages du *Journal* de Stendhal quelques accès rares de vanité, et ne lui en faisons point un crime sans circonstances atténuantes.

La partie de la *Correspondance* qu'édita P. Mérimée ne nous fait pas changer d'opinion, non plus que toutes les autres *Lettres* données en différents lieux, — telles celles au comte et à la comtesse Cini, publiées par la la *Revue Blanche* en 1899. On l'y voit loyal, franc, d'un commerce très sûr. Il a de l'éloignement à se frotter avec les petites âmes, et voilà pourquoi il n'aime pas la province et Grenoble que, fort irrévérencieusement et aussi injustement, il nomme « le quartier général de la petitesse. » On le reconnaît brave et ennemi de cette loterie qu'est le duel, depuis qu'on a cessé de croire au jugement de Dieu qui égalisait les chances. Il cherche, pour se distraire des ennuis, le grand mal de la vie, selon sa parole, « à chantonner entre ses dents quelque douce pensée, » ou, suivant son expression, » à emporter son homme par la blague. » Il tend à un idéal un peu vague et très flou, qui n'aurait rien de la grosse joie des bourgeois et des épiciers, — oubliant qu'il le fut un jour, — et de leur bonheur facile. Lûtes-vous *les Joueurs de boules de Saint-Mandé* de cet étonnant notateur de gestes et de tics qu'est Maurice Beaubourg, un auteur gai, comme on dit ? Si oui, vous y avez, ainsi que moi, admiré les vies de petits rentiers, de fonctionnaires retraités, de vieilles filles sentimentales au perroquet chéri, et qui se composent de menus événements, poussés parfois au tragique, de l'infiniment petit de leurs ambitions, de leurs intrigues journalières, de leurs cancans quotidiens. Rien de cela ne pouvait plaire à Stendhal, et il cherchait le bonheur beaucoup plus loin et beaucoup plus haut. Il se montre, en outre, en ses *Lettres*, modéré dans son dilettantisme, ennemi des gros mots, séduit par une page originale, et prêt à l'emprunter, avoue-t-il, comme Molière reprenant son bien sur Cyrano : ne croyant pas à la gloire du présent et ne vaticinant qu'avec un haussement d'épaules lassé celle de l'avenir. Sa vie lui déplaît, le fonctionnarisme le navre. Il sent que quitter la situation qui lui assure le pain quotidien serait une folle imprudence, mais il souhaite un coup du sort, et mourrait de joie s'il était cassé. Trait de caractère fort marqué ! Hésitation de la volonté qu'éclaire une haute intelligence ! Plus sot, il démissionnerait ; mais

tel, il analyse la position future et il attend, il attend
sans savoir quoi ; il espère le cataclysme libérateur. Il
a de grands gestes éplorés vers le *far niente* intelligent, — il entend par là des rentes et le loisir de
publier tous les ans un ou deux volumes, seul travail
intéressant, seule œuvre qui ne lui paraisse pas ridicule. Et avec cette occupation et les rentes assurées,
Paris, Paris et ses salons, son Café Anglais, son mépris des convenances, « une des plus tristes niaiseries
que les sots aient inventée, » sa fenêtre ouverte sur
la vie. Il paraît que, comme les Béotiens, il tendait ses
filets trop haut.

Quant aux *Lettres Intimes* qu'a publiées, d'ailleurs
incomplètement, C. Stryienski, elles sont adressées à
sa sœur. Nous en avons donné, dans notre *Étude biographique*, trois inédites qui en indiquent bien la note
émue, tendre et protectrice, et ce désir dont il parle, en
d'autres endroits, de jouissances intimes et affectueu-
ses, cette aspiration vers un cœur qui entende son cœur,
et ce dépit de ne rencontrer, pour la serrer dans les
siennes, que la main de bois dont parle Werther. J'ai
utilisé les autres quand un trait pouvait en être détaché
qui éclairât quelque côté du médaillon que j'ai voulu
sculpter de Stendhal.

CONCLUSION

Ed. Rod, qu'attaqua J. de Mitty et que défendit
Em. Faguet, caractérise ainsi Stendhal à la suite de
son *Étude*, et après avoir certainement lu ce qui a été
écrit sur Beyle et par Beyle, comme nous l'avons fait
nous-même, Rod compris :

« Avec sa sensibilité et son besoin d'émotions, il
aurait pu être un don Juan, ce qui eût été sans doute
sa carrière préférée ; avec sa sensibilité et son imagination, il aurait pu, peut-être, devenir un poète,
quoiqu'il n'eût pas l'instinct naturel de la poésie : en
mettant encore en jeu, dans les proportions justes, son
intelligence et sa volonté, il aurait pu, en tout cas,
être un grand écrivain. Mais sa volonté, au lieu de
venir seconder ses autres facultés, fut paralysée par
son intelligence : il ne fut donc ni un don Juan, ni un
poète, ni un grand écrivain. Il ne fut qu'un homme
souvent amoureux, très actif, toujours clairvoyant,

qui se connut, qui connut les autres, mais qui, dupe de
la crainte d'être dupé, ne vécut pas comme il aurait
voulu vivre, ne réussit jamais à trouver la formule de
son génie, non plus que celle de son caractère. »

Ainsi, vous le voyez, même auprès des critiques
informés et de bonne foi, Stendhal a toujours, vif et
mort, ressemblé à son Julien auprès des séminaristes,
ses confrères : il n'a pas plu, parce qu'il était trop dif-
férent, et, selon son expression, « différence engendre
haine. » Or, si avec sa pénétration réelle, quoiqu'un
peu lourde, Rod le voit exact par certains côtés, combien il le voit faux, à mon sens, par d'autres ! Question
de nuances délicates. Précisons, — ce sera notre conclusion, — ce que j'entends ici.

C'est une nature très riche que celle de Beyle, très
riche et pourtant simple, je le maintiens, en dépit des
apparentes complexités qui ont trompé la plupart de
ceux qui écrivirent sur son compte. Bon, il a passé
pour méchant, en se donnant beaucoup de peine pour
atteindre à des airs de méchanceté : modeste, on l'a
cru orgueilleux et, bien pis encore, vaniteux : timide et
luttant contre ce nuisible défaut avec la rage de ne pas
être, ainsi qu'il le voudrait, un caractère *forward*, on
l'a estimé audacieux jusqu'à la folie. Ce fut un homme
sans autre épithète que celle de sensible, non point
dans le sens précieux et périmé du XVIII° siècle, mais
dans l'acception courante du terme ; et cette sensibilité, dont il a cent fois parlé comme de la source de
ses maux et aussi de ses jouissances, s'exacerba sous

les coups ordinaires du sort et sous les mécomptes
coutumiers de la vie. Son tort assurément fut d'exagérer la force de ces coups et la profondeur de ces
mécomptes. Par ainsi il ne fut pas heureux; et, s'il
resta original, ce fut aux dépens de sa quiétude. Il ne
sut pas s'accommoder aux circonstances, comme le sage,
ou, si vous préférez, comme le résigné. Et cela ne fit
point de tort à son génie, pour cette excellente raison
que le génie domine tout, et que d'ailleurs il n'en avait
point. « Pour être un génie, disait-il lui-même, il faut
avoir trouvé des centaines de vérités importantes. »

Or, il n'avait pas la prétention d'en avoir trouvé une
seule, et nous sommes là encore de son avis, d'accord
avec Sainte-Beuve, qui ne voulait pas qu'on pro-
clamât homme de génie sur sa tombe celui qui n'a
laissé que des livres décousus, ayant des parties très
remarquables, mais sans ensemble.

Voilà ce qu'il nous dit : Eh! que dis-je autre chose?

En ces conditions, quant à l'influence qu'il a pu
exercer, et que d'aucuns ont recherchée, je refais
l'aveu que je l'estime à très peu près nulle. Je puis
avoir tort, et l'on paraît toujours un peu osé, et souvent un peu ridicule, en niant ce qui a paru évident à
tous les critiques. Mais je ne puis m'empêcher de
sourire en lisant, — car on l'a imprimé, — que Stendhal a créé en France le roman psychologique, et que
P. Bourget et M. Prévost, par exemple, dérivent de lui
avec toute une école. Le roman psychologique ! C'est

un bien gros mot, et capable de faire forte impression.
Mais il a existé de tous les temps, et les siècles précé-
dents l'ont connu. En le noyant, à la vérité, dans un
flot d'aventures, *l'Astrée* de d'Urfé n'a-t-il pas cherché
à nous décrire les états de l'âme galante et polie des
courtisans des Valois? *Le Grand Cyrus*, *la Clélie* de
Mademoiselle de Scudéry n'ont-ils pas voulu nous
peindre les états d'âme des habitués de la Chambre
bleue d'Arthénice? Et *la Polexandre* de Marin le Roy
de Gomberville? Et *l'Endymion* de Gombauld? Et *la
Cassandre* de la Calprenède? Et le prestigieux *Gil Blas*
de Lesage? Et cette inoubliable *Manon* de l'abbé Prévost? Et est-ce donc autre chose qu'un merveilleux
roman psychologique que *la Princesse de Clèves,* où
Mme de La Fayette étudia son âme, et l'offrit palpitante
à notre admiration? Finissons-en, s'il se peut, avec
cette théorie toute faite! Remettons Beyle en son lieu.
Rien ne s'invente: tout se recommence. La littérature,
comme le reste, est un perpétuel renouveau. Voyons
les faits exactement, sans exagération et sans dithy-
rambe. Faisons de Stendhal, avec J. Lemaître, un très
subtil psychologue, un romancier, si vous voulez, à
peu près unique en son espèce; mais, pour l'avoir étudié, ne le ridiculisons pas en le surfaisant! Ce sera un
hommage de plus à lui rendre. H. Beyle, je le répète,
n'a rien d'un chef d'école. Isolé par ses habitudes d'esprit et son reploiement sur lui-même; cherchant,
comme but qu'il se fixe, à ne jamais parler comme
auteur; enfant perdu de la critique; écrivant, ainsi

qu'il le dit, ce qu'*il* pense et non ce qu'*on* pense, et passant bien à côté du vulgaire : de la trempe des Rivarol, des Rulhière, des Chamfort : amateur d'art plus qu'artiste ; impressionniste plus que dogmatique ; idéologue et curieux pour lui plus qu'initiateur ; cosmopolite plus que Français ; en retard par certains côtés sur son siècle, plus que pionnier par certains autres du siècle futur, Stendhal, « ce déplacé, » comme l'appelle Em. Faguet, ne pouvait pas pénétrer dans la masse et former des disciples. Il est *beyliste*, et il s'en vante, c'est-à-dire qu'il reste un analyste trop profond pour avoir agi ; qu'il ne connaît, de son aveu même, que très peu les hommes et bien l'homme, s'étant fort étudié soi-même ; et, ayant passé longtemps à contempler son ombilic, il n'a rien du pasteur des foules.

Il reste donc comme une figure bizarre, mais attachante, malgré certaines attitudes, voulues d'ailleurs, et qui l'ont fait trouver insupportable à beaucoup, comme un joli talent sans rien de génial, qui a plu à une élite raffinée qui le comprend en ses obscurités, l'approuve en ses paradoxes, l'excuse en ses travers, et prise haut ses très réelles qualités. Et il a eu toute la gloire à laquelle il avait droit : on s'occupe beaucoup de lui plusieurs années après sa mort, ainsi qu'il l'avait souhaité et prédit. Et ce névrosé, quoi qu'il pense, aux Champs Elyséens où son âme fine et fluide vit enfin en paix, s'il fait la balance des anathèmes plus nombreux mais partis de bas, « de la canaille humaine, » comme il disait, et des admirations plus rares mais de plus de prix. venues « des *happy few*, pour lesquels, seuls, toujours à son dire, il a écrit, » doit se croire heureux autant qu'au feu d'artifice de Frascati ou lors de son déjeuner champêtre de Claix.

APPENDICE

La deuxième édition de **La Chartreuse de Parme.**

En 1840, Stendhal, touché par les reproches qu'on adressait au style de sa *Chartreuse*, se procura les deux volumes de l'édition parue, l'année précédente. chez Ambroise Dupont, 7. rue Vivienne, à Paris. et qui portait pour titre *La Chartreuse de Parme par l'Auteur de Rouge et Noir*. Il ordonna de les relier. après les avoir interfoliés de papier blanc, et fit graver au dos. en gros caractères dorés, ses initiales H. B.

A sa mort. ces deux volumes. — exemplaire unique et des plus curieux, — passèrent aux mains de la famille Crozet et. en 1869, furent acquis, au milieu d'une quantité considérable de papiers. provenant de la vente après décès de Mme Crozet. par M. Eugène Chaper, qui les a légués à son fils.

Je veux, à la fin de mon *Étude*. en donner la description : les feuilles blanches interpolées sont couvertes d'une foule de notes. ici à l'encre, là au crayon, qui, surtout dans le premier volume, où elles sont bien plus abondantes, débordent les feuillets imprimés et vont charger les marges. Ces notes tantôt corrigent une faute de français, une négligence de langue, tantôt changent une expression faible, modifient un passage, le suppriment même, ajoutent quelquefois, donnent enfin des indications qui portent plus haut et amendent certains côtés d'un caractère ou le posent d'une façon différente. Tantôt encore, les feuillets blancs, ou déjà noircis, portent, avec la mention *Life*, une réflexion, un souvenir, une date, une phrase composée en langage hybride où se coudoient l'italien, le français, l'anglais, et trop fréquemment terminée par un griffonnage à peu près illisible.

Le but de Stendhal, qui était de préparer ainsi une deuxième édition de *La Chartreuse de Parme*, n'est pas douteux, et il s'en est expliqué fort clairement.

> « C Va, 29 octobre 40[1].
>
>   Style.
>   Après avoir lu l'article de M.
>   de Balzac, je prends mon
>   courage à deux mains pour
>   corriger le Style.
>   Dans le fait, en
>   composant on ne songe je ne songeais 2 qu'aux
>   choses, on veut je ne voulais que des pensées
>   vraies et qui fassent fissent bien la
>   voûte.
>   Je crois voir que ce style fatigue
>   l'attention, en ne donnant pas assez
>   de détails faciles à comprendre.
>   Il me semble que ce style
>   fatigue comme une traduction
>   française de Tacite. Il faut le
>   rendre facile pour des femmes
>   d'esprit de 30 ans, et même amusant,
>   s'il se peut.
>   Ajouter 100 pages de détails
>   faciles à comprendre, comme ce que j'ai
>   ajouté sur le Journal vis à vis 220. »

---

(1) Feuillet blanc en face de la page 2 de l'éd. citée, vol. I.
(2) Les mots entre   sont des corrections interlignées.

Et ailleurs :

        « C.V., 1 novembre 1840 (1).

                        Tué 20 Iodole.

            Sans croire aux
            louanges exagérées de
            M. de Balzac
                j'entreprends de
            corriger le style de ce
            roman :
            mais je crois que le
            style simple,
            le contraire de M^r
            Georges Sand,
                de M. Villemain,
                de M. de Chateaubriand,
            convient mieux au Roman.
            Tout au plus il faudrait
            débuter par 10 pages de
            style à la Villemain,
                comme on prend des
            gants jaunes. »

Veut-on quelques exemples de corrections ? Je les cite tout à fait au hasard :

Fabrice blessé est soigné dans une auberge du bourg de Zonders, « lorsqu'il s'aperçut un soir que ses hôtesses avaient l'air fort troublé. Bientôt un officier allemand entra dans sa chambre : on se servait pour lui répondre d'une langue qu'il n'entendait pas, mais il vit bien qu'on parlait de lui. » (2).

Cette amphibologie est ainsi amendée (3) : « Bientôt un officier allemand *parut* dans sa chambre. On se servait pour répondre *à cet officier* d'une langue que *Fabrice* n'entendait pas, mais il vit bien qu'on parlait de lui. »

— « Une haine qui durera autant que moi et qui peut abréger ma vie......, *au lieu de*... et qui peut-être abrègera ma vie...... »

— « la princesse régnante, environnée de respects...... *au lieu de*... environnée d'honneurs...... »

---

(1) Feuillet blanc en face du faux-titre, vol. I.
(2) Version du texte imprimé p. 125, vol I.
(3) Feuillet blanc en face de la pag. cit.

— « Quand elle l'eût voulu, il eût été hors de son pouvoir de ne jamais blesser....... *au lieu de*... Quand elle l'eût voulu, elle n'eût pas pu ne jamais blesser... » (1).

Voici une addition (2) : « L'arrivée de ce jeune homme et l'audience si extraordinaire qu'il avait obtenue firent pendant un mois la nouvelle et l'étonnement de la cour ; sur quoi le prince eut une idée. » Tel est le texte primitif. Il aurait été modifié ainsi dans la deuxième édition : « L'arrivée de ce jeune homme et l'audience si extraordinaire qu'il avait obtenue firent pendant un mois la nouvelle et l'étonnement de *tous les marquis de l'État de Parme. Nous sommes dans le siècle des monstruosités, se disaient-ils en levant les yeux au ciel. Sur quoi, le prince eut une idée.* »

Donnons enfin un spécimen des changements de fond que se proposait d'apporter Stendhal à son œuvre.

Il s'agit de la conversation de Gina et de Fabrice.

> « Caractère de Fabrice (3)
> Réveillé par l'avis de M. de Balzac,
> enfin je trouve, le 7 nov. 40,
> le caractère de la conversation de
> Gina avec Fabrice.
> A force de tendresse
> naïve, profonde, surtout point
> libertine
> et sans s'écarter de la plus
> parfaite décence,
> Fabrice mena l'âme de la
> Duchesse. »

Par ces brèves indications, que j'ai voulu à dessein très sommaires, le lecteur se rendra compte de la valeur de ces deux volumes et de l'intérêt qu'il pourrait y avoir, soit à en faire l'édition rêvée par Stendhal, soit à en parler ailleurs plus longuement.

---

(1) Ces trois corrections de détail en marge de la pag. 211, vol. 1
(2) Feuillet blanc en face de la pag. 231, vol. I.
(3) Feuillet blanc en face de la pag. 10, vol. I

INDEX CHRONOLOGIQUE

Des Ouvrages et Articles à consulter sur Beyle-Stendhal

Revue des Deux-Mondes, n° du 15 janvier 1843 : *Poètes et Romanciers modernes de la France, Henri Beyle (M. de Stendhal)*, par Auguste Bussière.

R. Colomb : *Notice sur la vie et les ouvrages de M. Beyle (de Stendhal)*.

Revue nouvelle, tome XI, an. 1846 : *Du caractère et des écrits d'Henri Beyle*, par Hippolyte Babou.

Revue de Paris, n° du 1er septembre 1853 : *Souvenirs anecdotiques sur Stendhal*, par Frémy.

Notice par Limayrac, en tête de l'éd. *De l'amour*, Paris, Didier, 1853.

Notice par H. de Balzac, en tête de l'éd. de *La Chartreuse de Parme*, Paris, M. Lévy, 1853.

Notice par E. de la Bédollière, en tête de l'éd. ill. de *La Chartreuse de Parme*, Paris, Barba, 1854.

E. Caro : *Études morales sur le Temps présent... Stendhal...*, Paris, Hachette, 1855.

L. Ulbach : *Écrivains et Hommes de lettres... Stendhal*, Paris, Delahaye, 1857.

E. Delécluze : *Souvenirs de soixante années*, Paris, Lévy, 1862.

Sainte-Beuve : *Nouveaux Lundis*, tome III.

H. B. (Henri Beyle), par Un des Quarante, P. Mérimée, avec un frontispice stupéfiant. Eleuthéropolis, l'an MLCCCLXIV de l'Imposture du Nazaréen.

Nouvelle Revue de Paris, n° du 1 mars 1864 : *Étude sur Stendhal*, par H. Taine.

A. de Bougy : *Stendhal, sa vie et son œuvre*, Paris-Grenoble, Cherbuliez-Prudhomme, 1868.

L'Art et la vie de Stendhal, 2 vol., s. n. d'a., Paris, Germer, 1868.

H. Beyle, a critical and biographical Study, by Paton, London, Tübner, 1874.

Compte rendu de l'ouvrage précédent dans *la Revue critique*, par G. Päris.

Revue des documents historiques : H. Beyle, dit Stendhal deux lettres de publiées par Charavay, an. 1874.

Prosper Mérimée : *Henri Beyle, Notice biographique*, San Remo, Jay et fils, 1874.

Courrier littéraire, n° 1 de l'an. 1876, Henri Beyle.

Revue des Deux-Mondes, n° du 15 août 1879, P. Mérimée, par Othenin d'Haussonville.

Em. Zola : *Les romanciers naturalistes... Stendhal...*, Paris, Charpentier, 1881.

Notice par Fr. Sarcey, en tête de l'éd. de *La Chartreuse de Parme*, Paris, Conquet, 2 vol., 1882.

Notice par L. Chaperon, en tête de l'éd. de *Le Rouge et le Noir*, Paris, Conquet, 3 vol., 1884.

Notice par P. Bourget, en tête de l'éd. Lemerre, 6 vol., 1886.

La *Notice* ci-dessus forme un article des *Essais de psychologie contemporaine*.

Revue universelle illustrée, an. 1888 : *Notes sur Stendhal et ses Amis*, par Un curieux H. Cordier .

Henri Cordier, *Molière jugé par Stendhal*, in-8, sans date.

Notice en tête du *Journal*, édité par C. Stryienski, Paris, Charpentier, 1888

J. Lemaître : *Les Contemporains, IV° série... Stendhal...*, Paris, Lecène et Oudin, 1889.

C. Stryienski : *L'enfance de Henri Beyle*, Grenoble, 1889.

Notice par le même, en tête de *Lamiel*, qu'il publia à Paris, Librairie Moderne, 1889.

H. Cordier : *Stendhal et ses Amis, Notes d'un Curieux*, Évreux, Mérissey, 1890.

Notice par C. Stryienski, en tête de son éd. des *Lettres intimes*, Paris, Calmann-Lévy, 1892.

C. Stryienski : *Stendhal et les Salons de la Restauration*. Paris, Imbert, s. d.

Ed. Rod : *Stendhal*. Paris, Hachette, 1892, Collection des Grands Écrivains.

E. Farges : *Stendhal diplomate. Rome et l'Italie de 1829 à 1842*, Paris, Plon, 1892.

A. Cordier. *Stendhal raconté par ses amis et ses amies*, Paris, Laisney, 1893

Revue Blanche, n° du 1er avril 1897 : *Les Budgets de Stendhal*, par Aug. Cordier

Jean de Mitty : *Œuvres posthumes*, avec *Notes* et *Introduction*, Paris, éd. de la *Revue Blanche*, 1897 ; et *Leuwen*, avec *Commentaire*, Paris, Dentu, s. d.

Revue des Revues, n° du 1er septembre 1899 : *Stendhal et Balzac*, par Jean Mélio.

Albert Kontz : *De Henrico Beyle, sive Stendhal, litterarum germanicarum judice*, Paris, Leroux, 1899.

Em. Faguet : *Politiques et Moralistes*, tome III, : *Stendhal...*, Paris, Lecène et Oudin, 1900

ICONOGRAPHIE

TABLE DES MATIÈRES

Achevé d'imprimer

le vingt-sept avril mil neuf cent

*par l'*Imprimerie Générale

de Grenoble.

Les photogravures sortent des ateliers

de la

Société Anonyme des Arts Graphiques

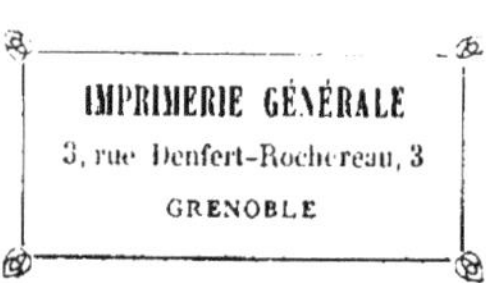
IMPRIMERIE GÉNÉRALE
3, rue Denfert-Rochereau, 3
GRENOBLE